向随处可见的惰性宣战

戒了吧，拖延症

马丽婷 编著

DO NOT DELAY!

北方妇女儿童出版社
·长春·

图书在版编目（CIP）数据

戒了吧，拖延症 / 马丽婷编著 . -- 长春 : 北方妇女儿童出版社 , 2019.7（2024.8重印）
ISBN 978-7-5585-3279-5

Ⅰ . ①戒… Ⅱ . ①马… Ⅲ . ①时间－管理－通俗读物 Ⅳ . ① C935-49

中国版本图书馆 CIP 数据核字（2018）第 292695 号

戒了吧，拖延症
JIELEBA TUOYANZHENG

出 版 人	师晓晖
策 划 人	师晓晖　魏广振
责任编辑	关　巍
排版制作	尚唐一品
开　　本	880mm × 1230mm　1/32
印　　张	6
字　　数	120 千字
版　　次	2019 年 7 月第 1 版
印　　次	2024年8月第6次印刷
印　　刷	阳信龙跃印务有限公司
出　　版	北方妇女儿童出版社
发　　行	北方妇女儿童出版社
地　　址	长春市福祉大路5788号
电　　话	总编办：0431-81629600
	发行科：0431-81629633

定　　价　29.80 元

前言

Preface

拖延有“推迟、延后、延缓和延长”等意思，拖延的人在做事情的时候，往往会“明天再做”或者“以后再做”，一件举手之劳的小事，也要花费很长时间才能完成，或者根本就完不成。

一个人能不能取得事业的成功，关键是看他能不能把自己的想法或计划变成行动，再把行动变成结果。其实，能做到这一点很难，这也是更多人之所以平庸一生的原因。贪图安逸是人的天性，拖延也就成了很多人难以消除的顽疾。

其实，拖延就像蒲公英，你把它拔掉，以为不会再长出。但是实际上，它的根却埋藏得很深，很快又长出来了。很多人都遇到过下面的这种场景：

下定决心要克服睡懒觉的毛病，所以你在睡前就定好了闹钟，决定明天早上六点起来锻炼身体，顺便吃一顿丰盛的早餐。

第二天，闹钟准时响了，可是你根本起不来，于是，你想：“今天太困了，算了吧，明天再早起吧，我再睡十分钟。”

翻了个身的你继续睡着了，等你再次醒来的时候，你发现自己快要迟到了。你急忙爬起身来，饭都不吃就去赶公交了。再一次重复了之前不健康的生活状态。

不得不说，这样的“拖延”在我们的身边时常发生。不仅如此，很多时候我们明明有很多事情要做：散乱的书籍、堆积的工作、等待收拾的衣橱，或者该发的邮件，该丢的垃圾……当然还有自己焦虑不安的心……可即使是这样，我们一边心急如焚，一边却在自我安慰道："不着急，还有时间，一会再做也可以。"

可能你的潜意识里依然认为拖延对你有好处，或者你有一个很好的理由才会导致拖延，你有很好的理由不用完成那些并不十分想做的事。对任何可能出现的问题，你都有一个貌似很合理的借口，然而拖延依然是一个让你受伤害的处理问题的方式。

有些人错误地认为手头的事情如果晚些开始，他们就能更好地完成。如果你早上不想去超市买菜，你为自己找了很好的理由说：晚上去买，价格会更便宜。有些超市确实如此，他们不想把蔬菜放到第二天，而是在当晚降价处理。事实也的确是如此，可是等你傍晚真的到了超市，就会发现你喜欢吃的那些蔬菜只剩了被挑剩下的几个，而且都是坏的，你根本没有选择的余地了。你只能无奈地选择买其他蔬菜或食品。你为自己找的拖延的理由不过是一个靠不住的借口而已。

一些自我设置障碍的行为，确实能很好地充当你失败或表现欠佳的理由，可是这样一来，你也失去了当下解决问题的机会，久而久之，你束缚了自己。

本书从认识拖延、拖延成因、负面效应、提高效率等多个方面剖析拖延，并告诉读者如何战胜拖延。因此，我们在工作和生活中应该做到拒绝拖延，做了再说。当有了好的想法时，就应该马上去做。只有付诸行动，才有机会获得成功。当我们做某件事时，就要用积极的态度去行动。不踌躇、不拖延，与其蹉跎岁月还不如大胆地去尝试，以积极的态度去行动。也就是说，我们只有从本质上认知和理解自己的拖延行为，才能找到最适合自己的解决方法。现在，假如你也是一名拖延者，那么，还等什么？赶快改变自己，重新发现生活吧！

目 录

第一章　你好，拖延症

当今社会，拖延似乎已经成为生活中的一种普遍现象。大部分人认为自己有的时候拖延，还有部分人认为自己是一直拖延。要知道，拖延会对我们的心理健康产生极大的影响，比如，会导致我们陷入自责的情绪，产生负罪感，让我们不断地进行自我否定、贬低，还会导致焦虑症、抑郁症等心理疾病。

认识一下吧，拖延症

只要你想寻找拖延的足迹，在我们的生活中总是能发现。

关于拖延症，最早的历史可能要追溯到9000年前。春天播种，秋天收割，这样日复一日，是人类第一个人为的截止期限日，也是人类生存之必需。而这也就可以解释，为什么最早关于拖延的记载都是跟农耕相关的。

早在4000年前，古埃及人就用了至少8种象形文字来表示拖延，其中有一种象形文字专门指忽略或遗忘，而且这些被翻译成拖延的象形文字常常与农活连用，尤其是那些与尼罗河年度周期有关的农活。这是因为在正常情况下，每年尼罗河涨潮后，都会漫过河堤，在落潮后就会留下肥沃的洪泛平原。

除此之外，翻开古希腊诗人赫希俄德的记载，我们会发现这样一个现象：一直以来，古希腊人始终与拖延苦苦斗争着。这位古希腊文学史上最伟大的诗人在其长达800行的史诗《工作与时日》中曾这样劝诫道："不要将工作推到明日或明日的明日。懒惰的工人填不满他的谷仓，拖延工作的人也没饭吃。勤劳让工作顺利，拖延工作的人最终一事无成。"让我们认真分析一下这条警示，就会发现它具有多么重要的意义。因为当时的希腊正陷入一场经济危机，很多希腊农民不仅将自己的农场，甚至连自己身边亲人的农场也一并抵押了。拖延不仅严重影响了信誉，还可能让每一个深陷其害的人眼睁睁地看着自己的孩子变成富有邻居的私有财产。

到了公元前440年，拖延从农田蔓延到了战场，“科学史之父”修昔底德就曾在记录了雅典和斯巴达战争的《伯罗奔尼撒战争史》一书中明确指出，拖延是人类性格特质中最邪恶的一种，唯一的用途就是拖延战事，以便有更多的时间来研究取胜之道。

随着时间的继续推进，拖延又慢慢涉足到了宗教领域，许多宗教都有相关记载。比如，在最早的文字佛经——《巴利文大藏经》中，高僧就曾这样说：“拖延就是道德败坏。”

到了16世纪，英文中就已经出现了“拖延”这一词汇。在英文中，“拖延”的拉丁字根“pro”是“向前”或“倾向于”的意思，而“crastinus”则是“明天的”意思。单从字面意思上理解，“拖延”的意思显而易见，然而事实上，拖延的意义远比字面意思复杂得多。从英文字面的意思理解，它不是一般意义上的“推迟”，而是一种并不符合理性的推迟行为。比如，著名剧作家罗比特·格林于1584年就曾写道：“你会发现，推迟滋生危险，而在危险时刻，拖延更是灾难的罪魁祸首。”

再后来，随着工业革命的出现，拖延更是大行其道。英国文学大师塞缪尔·约翰逊于1751年在《漫步者》周刊上写过一篇短文，在这篇文章中，他把拖延描述成人性的普遍弱点之一，虽说拖延这一问题有道德的指引和理性的抗议，但是仍然或多或少地存在于每个人的头脑之中。4年后，约翰逊大师又把这个词计入颇有影响力的英语大词典，从此之后，在我们常用的词汇中，就有了拖延这个词。如此看来，从有文字记载开始，拖延就是人类历史上关注和讨论经久不衰的一个主题。

现在的研究人员将“拖延”解释为：故意推迟展开某项工

作或者结束某项工作的时间，并随之产生一些不良情绪。

这个概念看起来简单明了，然而在实际生活中区分拖延和推迟时，我们仍然不免感到困惑。根据研究人员给出的定义，我们知道推迟者对拖延带来糟糕的后果已有预感，但是还是不愿意积极行动。如果有人积极行动，但是在规定的时间内仍然没有完成工作，那么我们认为这并不能算是拖延，他只是推迟了交工的日期。就算他为此也同样产生不良情绪，这样看起来，他的行为跟拖延就更为相似了，可是我们仍然不能认为这就是拖延。

拖延与时间有很大的关联，而推迟也不例外，可是二者仍然不可以相提并论。它们有什么区别呢？我们先举几个简单的例子。

如果你现在手头正在忙碌的工作，并不是你该做的事，而你本该做的工作被你抛在了一边，这种逃避当前任务的行为，就是拖延。比如你晚饭后，本该洗碗，可是你却被电视节目吸引了，这种消极的行为，就是拖延的表现。因为没有干净的碗筷，导致下次做饭时没有足够的餐具，如果第二天依然没有洗碗，估计有些残羹冷炙已经开始发霉了。你明知道这样拖延会带来不大不小的烦恼，可是还是一拖再拖。

如果突然发生了紧急事件，你不得不放下手头的事情，去处理突发的紧急情况，那并不等于是拖延。如果你正在后院修剪花草的时候，发现马路对面的垃圾箱着了火，于是你不得不放下园艺，跑去灭火，之后你又回来继续整理花草，那么你当下的任务仅仅是被推迟了而已。有些事也并非在你的能力范围之内，那么这样的事情如果导致你推迟了行动，并不算是拖延。譬如，你答应同事帮她审阅文件，而你恰恰第二天感冒发烧了，你不得不推迟这件事情，当然不能被划为拖延一列，而你的同事必然也会对你表示理解。

我们把拖延和推迟做了对比，为的是更清楚地认识拖延行为。也就是说拖延是一种非理性的、自愿的推迟行动的行为，拖延是一种没有理由的延缓，是消极的。而推迟则不然，它有很积极的一面，而且是被动、理性的。

我们在生活中的同一时间，并不是只面对一件事情，工作也是一样。有时候，你的任务可以列出一个长长的清单，而先做哪件事是靠你自己来排序的，因此造成拖延的并不是推迟的行为，而是你自己的选择。当你不愿意选择本该做的事情，而选择做其他事情时，就造成了对当下任务的拖延。如果想完成任务，推迟或者拖延都不是上策。如果不洗衣服，那就没有干净的衣服穿；如果不按期还款，银行就会降低你的信用。虽然拖延者明明知道拖延会带来这样的后果，然而他们仍然选择了不洗衣服和推迟还款，之后，他们不得不承受自愿拖延之后产生的焦虑情绪，比如烦躁和不安。拖延者非常清楚这种行为不可取，但是他们的习惯仍然会持续，直至他们周围的人都开始对其有意见。

几乎每个人都会受到拖延的诱惑。它随时随地有可能在任何人身上发生。当我们推迟某件事，并为此感到担忧和恐惧的时候，毫无疑问，拖延侵入了我们的生活。我们必须克服它，虽然它无处不在，但并非不能改变。

测一测，你有没有拖延症

现在，想必你已经非常清楚拖延是怎么回事，那么，在拖延的排行榜上，你又排在哪个位置呢？是普通的磨磨蹭蹭，还是已经将“明天再说”这几个字深深地刻到了脊背上？

别着急，下面这个办法就能帮你测量你的拖延倾向到底有多重。在这里，我们为你准备了一份快捷、迷你的测试量表，这张表是根据上万名被试者的诸多情况编制而成。

下面请在表 1–1 中做出你对每道题目的回答：

“我不会或极少这样”计 1 分；

“我很少这样”计 2 分；

“我有时这样”计 3 分；

“我时常这样”计 4 分；

“我就是或总是这样”计 5 分。

然后，再把每道题目后对应的分数相加，这样就得出了总分。

需要说明的是，在这个测试量表中，第 7 题、第 8 题、第 9 题与其他题目的计分方式不同，为反向计分，即由“我就是或总是这样”至“我不会或极少这样”的分数为 1—5 分。

表 1–1　拖延测试量表题目

1. 总是会把任务推迟到了不合理的程度。
2. 原本应该做某件事情，却做了别的不必要的事。

续表

3. 经常会因为没有早点开始做任务而后悔。
4. 虽然明知道不能这样，但是在生活的某些方面经常拖延。
5. 总是到了事情的最后，才发现原来可以把时间用在更好的地方。
6. 每件事情都会拖很久，导致自己的健康和效率都会受到不必要的影响。
7. 可以很妥善地安排自己的时间。
8. 不管什么事情，只要觉得需要做，就会立即做。
9. 遇到应该做的事情，就会先把它做完，再去做次要的事。

好，测试完毕，现在请将以上这些题目的分数相加，并得出拖延测试的总分。下面再让我们看看你的测试结果到底意味着什么（见表 1–2）。

表 1–2　拖延测试结果分析

19 分及以下，最低的 10%，常把“要紧的事先做”挂在嘴边的人
20—23 分，最低的 10%~25%
24—31 分，中间（50%）位置，平均水平的拖延者
32—36 分，最高的 10%~25%
37 分及以上，最高的 10% 常把“改天再说吧”挂在嘴边的人

通过上面的测试结果，我们可以得知自己得了多少分，又是怎样的人。事实上，如果你在拖延测试量表中的得分越高，那么，你会拖延的概率就越大。

当我们与拖延者进一步接触时，许多拖延者会告诉我们，拖延似乎有其自身的生命和意志，他们将之比拟为乘坐在一辆过山车上，虽然他们想要事情有所进展，但是最终却不可避免地慢了下来，更糟糕的是，情绪也会随之起起落落。

没错，事实上，我们身边的许多人，甚至包括我们自己，都曾有过这样的体验：当我们试图开始一项新的任务，并努力想要完成它时，在这个过程中，我们总会出现一波接着一波的思绪、情感和行为上的波动，而这些波动又总会在有形或无形之中影响我们，并且呈现出诸多共性，我们把这一现象称为“拖延怪圈”。

对于这个现象，每个人都有自己不同的体验。你或许几个星期、几个月，甚至几年都挣扎在这个怪圈中，你或许从头到尾只需要几个小时就经历了一个怪圈。下面就让我们看看几幅拖延者的自画像，从他们身上，看看有没有说中你的。

1.“这一次我一定会尽快开始。”

对于许多拖延者而言，当他们刚接受一个新任务时，总是信心满满，觉得自己这一次一定会有条不紊地完成好。虽然从内心上讲，很多人并不是非常愿意马上就开始着手或是依然有些力不从心，但是即便如此，这些拖延者还是十分相信不管怎么样，事情不需要他们做什么特别的安排，终究会自然而然地启动。不过，当一段时间过去之后，这些人就会发现这一次的情况并不比以前好多少，往往在这种时候，之前的希望就又变成了担忧。

2.“我现在必须开始做。”

在一件事情开始之前，我们都曾抱着早早开始、好好做的幻想，但是，当早点开始的时机又失去时，想要好好做的幻想也随之破灭。于是，我们陷入焦虑，压力逐渐加重，不再盼望自己会自发地开始上手做事。不过，有时候，我们还是会突然感到需要马上做点什么，但是当我们一想到离最后期限还远着呢，就又抱着一线希望。

3.“我应该还有时间。”

当事情进展到某一阶段，虽然你的内心充满了负疚、惭愧或是欺骗了别人的感觉，但是你仍然试着保持乐观，盼望“缓刑”的奇迹能够出现，你反复对自己说，“应该还有时间，我可以完成任务”。

4.“我……是不是有毛病。”

当早点开始做事的良好意图没有实现，当内心的负疚、惭愧和痛苦无济于事，当盼望的奇迹没有出现，你整个人就会陷入绝望，最开始那种能否顺利完成任务的担忧会变成一种令人生畏的恐惧：“可能……是我这个人有毛病！”你可能会觉得自己少了点什么其他人都具有的某些东西——自我约束力、勇气、头脑或是运气，为什么他们能行，你就不行呢？

5.“我绝对不会再拖延了！”

对于许多拖延者而言，当你接受的任务最终无论是被放弃了还是被完成了，通常会因为如释重负和精疲力竭而几近崩溃，虽说这样的考验历经磨难，但是毕竟都已经过去了，再经历哪怕一次这样的折磨都会让你无法忍受，所以，你发誓从此不再踏入那个怪圈一步，下一次一定要严格按照计划把事情做得井井有条，并且控制好自己的焦虑情绪。如此看来，随着一个放弃拖延行为的坚定誓言，这个拖延怪圈看似就要画上句号。然而，尽管大部分的拖延者会诚心诚意痛下决心，可是，事实上，依然会重蹈覆辙，一次又一次地在这个怪圈中挣扎。

6.“我不做会怎么样？”

当时间再次从我们身边溜走，当你依然没有着手做事，摆在眼前的问题不是如何有一个理想的开端，也不是如何给自己做事的压力，这时，我们会被一种不祥的预感缠绕，而这种感觉甚至会在一个瞬间取代之前所有那些剩余的乐观情绪。此时此刻，当你想到自己可能永远也不会开始，脑海会不由自主地闪现出那些可能会永远毁了你生活的可怕后果。这时，你感到自己正走在瘫痪的边缘，一连串的想法在脑子里打转。

（1）“我要早点开始就好了。”

当你想起自己浪费的时间，当你意识到时间已经无法挽回，你除了沉痛地责备自己别无他选。大多拖延者站在悬崖边缘时，往往会后悔不已，说出这样的话：“我真应该早一点开始做事。”

（2）“除了这件事情，其他事我都愿意做。”

除了这件被避开的事情，拖延者往往什么事情都愿意做，无论是整理房间，清洁卫生间，还是尝试新菜式，总之一句话，在这个阶段，要做这些事情的强烈愿望突然间变得无法抗拒起来。这种改变是不是很有意思？想当初，那件事情还没有这么繁重，但是你却避而不做。可是，现如今，你的心情却迫切到了非要马上开工不可，但是你此刻却在做其他一些事情，忙得不亦乐乎，并以此来安慰自己，“好，至少我做成了一些事情！”有时候，那些转移你注意力的事务让你处理得效果显著，以至于你相信在那件事情上你正在大步迈进，但是，遗憾的是，它仍然有待你去完成。

（3）“我无法享受任何事情。”

对于有些拖延者而言，为了让自己分散注意力，他们往往会选择一些愉快的、立竿见影的活动，可能是看电影，做运动，也可能是与朋友们待在一起。虽然他们努力让自己自得其乐，但是在他们的脑子中，事情没有做完的阴影却始终挥之不去。之前感受到的所有快乐很快就会消失得无影无踪，取而代之的是持久的担忧、厌烦以及内疚。

以上这些问题，有没有说中你的？当然，你要是嫌问题少，还可以继续罗列。对于每一次的拖延来说，可能反响都不会太大。然而，若是把这一次次的拖延合在一起，可能就会一点点地蚕食你的幸福生活，甚至让你痛苦不已。

事实上，从所有的拖延过程来看，都存在着一个共同的模式：在一项复杂的工作开始之前，时间都很充裕，当你随随便便地做了一点儿工作，总会觉得没什么能让你全心全意地投入其中。如果这份工作可以被忘掉，或许你早就把它忘掉了。

直到后来，你终于要认真对付它了，但是突然有一天，这份工作却变成了你不想做的事情，即便你竭尽全力想要把心思都放在这份工作上，可是，总会有什么东西冒出来把你打断，挫败你前进的动力。这时，你无法把工作向前推进，只好把任务向后推到一个比较闲的日子，不可思议的是，你却发现每个"明天"原来都是一样的——不多不少，只有 24 小时。每天结束的时候，你都不得不面对一个令人焦虑的谜题："时间都到哪儿去了？"

最后，时间的有限性开始显现出来了。想当初，你毫不在意挥霍的一个又一个小时，现如今，随着截止日期的临近，时间却变得越来越宝贵。你原本想推进某个项目，可是现在却在细枝末节上纠结起来，于是，你周旋于超市购物、煮饭做菜、打扫办公室、清理电子邮箱、锻炼身体这些事情。更为不幸的是，你在心里反复告诉自己，现在不是做那件主要的事的时候，于是，你一再安慰自己说："我是在做这些事，但是，我至少也是在做准备嘛。”然而，当你打算开始，天色已晚，于是你像往常一样上床睡觉。当第二天的太阳照常升起时，新一轮的“逃避循环”也再次开始了。

直到最后，临近某个极限，随着一样东西“咔嚓”一声响，能量才开始蓄积，你也才开始工作了。可是，这时你悄悄地压缩了某项任务，只保留了其中最本质的部分，因为已经没有更多的时间可以用了。

不过，还有一件事可以让你感觉好一点儿，那就是你不是一个人在承受拖延之苦。一份调查结果显示，大约有95%的人承认自己有拖延问题，而其中又有25%的人指出这是他们的一种慢性的、决定性的人格特质。举个例子，回想上一次拖延来袭时的情况，对于下面的问题，你会作何回答？

你知道这项工作会耗费这么长的时间吗？

你有没有意识到自己会为拖延付出这么大的代价？

你有没有预料到，最后一分钟会有多么紧急？

停下手里的工作，老老实实地想一想，你的答案是“对”是“没错”，还是“千真万确”？可是，事实上，诚实的回答竟然如此之难，然而，这就是问题所在。拖延，它无处不在。像重力一样普遍，而且它同样会产生向下的拉力，从早晨几乎要空了的牙膏管，到晚上厨房里快要溢出来的垃圾桶，拖延都与我们同在。

不过，也有一些拖延者甚至会试图把他们那自毁性的不作为装进“经过深思熟虑的选择”的框中。有这样一种人，他们总是推迟工作任务，把更多的时间放在家庭生活当中，这是错误的吗？有这样一种人，他们总是钻进“潜心工作就是成功”的模式中乐此不疲，如果他们的工作时间被剥夺了，就会感到愤愤不已，这是错误的吗？其实，这取决于你是哪类人。然而，要想分辨哪种选择是拖延，哪种是有意的决定，并不容易，或许只有那些拖延者本人才能分得清。

在这个世界上，无论什么时候，“停止拖延”都是最常见的行动目标之一。然而，拖延这种习惯，总是会卷土重来。

在处理拖延这件事情上，我们总是为自己找这样或那样的借口，自我欺骗和拖延总是并肩同行。

拖延症的起因

新年元旦又一次来临了，这是一个可以让你下定决心痛改前非的好时间。但是，经过了彻夜的狂欢，有谁还有时间对自己做认真的反省呢？不得不说，拖延，是一个可以唤起我们每个人不同记忆的词。可是，这个世界上莫非真的存在拖延基因这回事？

当我们把时钟拨向1983年，从此之后，神经科学领域取得了很多突破性进展，足以有条件让研究者去研究大脑的某个特殊部位以及它们是如何单独和共同运作的。

虽说这些突破性的进展还不足以让我们确信世界上存在着某种拖延基因，但是由于我们对大脑的运行有了更进一步的深刻理解，所以，我们可以信心十足地说：确实有一些生物上的因素会导致拖延症。

在这些因素中，有一些是一般因素，涉及大脑如何随着时间而发展和变化，间接地跟拖延行为相关。还有一些是直接因素，涉及直接导致拖延的一些特殊功能或是功能障碍。比如，如果你患有某种程度的执行障碍、季节情绪紊乱、注意力缺失、抑郁症、强迫症、慢性紧张，或者是失眠，在这些情况下，在你大脑中运行的这些生化因素很可能会跟你的拖延发生密切的关联。

我们的灵魂每时每刻都在进行着撕扯，是理想地计划，还是舒适地享受？举一个例子，当你路过甜品店，在内心“我想吃那块蛋糕，但是我恨我想吃”的挣扎中，你的决心开始崩溃。想必没有谁没有过这样的纠结。这不是你一个人才有的问题，这其实是人类根深蒂固的本性。

数千年前，古希腊伟大的哲学家柏拉图，将这种内心的冲突描述为两匹马同时驾着一辆战车，其中一匹温顺和气，而另一匹则粗野鲁莽，当两匹马一起上路时，难免会东拉西扯。几千年后，精神分析学的创始人弗洛伊德，在柏拉图关于马匹的比喻基础上，将人的内心冲突比作马匹和骑手，前者象征着随心所欲的欲望，而后者则象征着理性和常识。

在这之后，又有很多研究者从不同角度描述过这种分裂的情况，他们各有侧重，运用的术语包括情感与理智、行动与计划、经验与理性、热情与冷静、直觉与推理、冲动与沉思、自发与自控、感觉与认知等。

如果我们询问拖延者是什么因素将他们带到拖延这条路上，我们免不了会听到这样的回答：“我们生活在一个竞争社会，无论何时，别人都期待你有完美的表现。面对这么多的压力，我们无法及时应对。”

很显然，在通往成功的道路上，我们的确处于诸多要求的轰炸之中，这占据了我们全部的时间和空间。而且身处这个世俗的时代，人们对成功的定义也往往与金钱、权力、声誉、美貌和才华挂钩。可以这么说，成功就是用完美这个词加以定义的。不过，在这条金科玉律的背后却暗藏着这样一个潜台词：“如果你没有拥有这一切，那么你肯定哪里出了问题。”

话又说回来了，现代社会步伐匆匆，在事事高标准、严要求的境况下，我们中的很多人躲进拖延的避风港，这难道有什么不可理解的吗？但是，除了身处高压力、高要求的社会这个原因之外，一定还有什么原因会造成一个人的拖延。如果身处现代社会是拖延的唯一原因，那么每个人就都成了拖延者了。

也有很多人在面对社会压力的时候呈现出其他一些苦恼的症状，比如工作狂、抑郁症、酗酒、吸毒上瘾和恐惧症；同时也有人在全天候的压力下却能茁壮成长。为了帮你更好地理解你为什么会选择拖延作为你应对压力的基本策略，我们希望你在个人生活中找找原因，看看拖延在你的生活中是什么时候开始出现的。

还记得你的第一次拖延吗？那是怎样一个环境？你是在读小学还是中学？结果怎样？你当时的感受又是什么？事实上，无论你从什么时候开始拖延，只要开始了，就很难停止。拖延除了作为一种自我保护的心理策略之外，也源于你对生活的一些顽固信念。生活中，我们一再听到下面这样一些观念，我们称其为“拖延者信条”。

我必须要做到完美。我做每件事都应该轻而易举。什么也不做比冒失败的风险更安全。没有什么是我无法做到的。如果不把事情做好，那么它根本就不值得做。我必须避开挑战。如果我成功了，有人就会受到伤害。如果这一次我做得很好，那么每一次我都应该做得很好。我不能承受失去任何人或任何事物的事实。如果我展现真实的自己，人们不会喜欢我的。我相信总有一个正确答案，我将一直等待，直到发现它。

也许，这些假设你听起来很可能非常熟悉，也可能并不知情，要知道，它们是通过你的潜意识而运作的。但是不管怎样，这些假设并不是绝对的真理，它们只是为拖延开道的一些个人观念。如果你是一个追求完美的人，那么你宁愿选择拖着，也不愿努力做事，不愿冒风险被人评判你的失败；如果你自认为成功是危险的，那么你宁愿通过拖延来保护自己和他人，以此降低自己把事情做成的概率；如果你把合作视为屈服，那么你宁愿一直把事情拖着，直到你觉得自己已经准备好了才去做它，以此来维护自己的掌控感；抑或，如果你认为人们不会喜欢真实的你，那么你宁愿利用拖延这种方式来保留你自己的想法，并跟周围人保持一个安全的距离。

从本质上看，这些信念反映了拖延者的一种思维方式，那就是阻止自己取得进展，而潜藏在拖延者内心深处的自责、害怕以及灾难性的想法，也终究难以让他们越过日常生活中不可避免的困难。事实上，只有拖延者意识到自己的思维方式是不现实的，才是克服拖延的第一步。

虽然拖延者要为此忍受自责、自轻以及对自己的反感，并且这一切对他们而言是相当痛苦的，但是比起去看清真实的自我所带来的脆弱和无地自容，这样的感受或许更能让他们承受得起，摘掉保护他们的盾牌——拖延。

潜伏已久的“拖延”

想一想，在你还是个孩子的时候，有没有遇到过这样的事情。妈妈做任何事都是匆匆忙忙的。有时候，她好不容易带你去逛一次商场，你还没有来得及仔细欣赏一下那些让人眼花缭乱的商品，她便急匆匆地拉着你离开了。你心里抱怨，为什么不能再多待一会儿，为什么一定要这么着急呢？有时候，你跟着父亲到餐厅吃饭，你悠闲地品尝着美食，却被他们严厉地警告：“快点吃，别的小朋友都那么快，就你这么慢，吃完我们还要去办事，快点！”于是，你心中的不满再次出现。

在孩子的头脑中，父母大多数时候都在催促自己快点做作业、快点睡觉、快点吃饭、快点回家、快点长大、快点找工作、快点结婚等等。

无数次被大人催促后，你开始心中暗暗发誓，你不要这么快，你要慢下来，你做任何事都不要像大人一样着急。于是，你性格中的叛逆成分越来越多，尤其表现在是快速行动还是磨磨蹭蹭上。如果你的父母刚好是性子特别急的那一类，因为你曾经对此深恶痛绝，所以你一定要跟父母不一样。慢慢地，叛逆让你养成了拖延的习惯。在你的内心深处，不管拖延的后果有多严重，只要做到跟父母不一样，你都可以忽略不计。

这其实是你对控制倾向的反抗。你希望以自己的方式来控制自己的行为。当你用拖延表达了自己对父母权力的不满和反抗，父母又拿你没办法时，你会有一种前所未有的满足感，仿佛只有拖着父母的那些命令不做，你才是自己的主人。

最典型的就是，有一类年轻人，父母逼得越紧，他们越缺乏与异性交往的兴趣；父母等着抱孙子急得要命，他们却一直拖着不找女（男）朋友。而假如有一天，父母对他们带回家的心上人强烈反对，他们反倒坚定了那颗“一万年不变”的心。

还有一种情况是，你身边有一个优秀得近乎完美的兄弟姐妹。他（她）在你的童年生活中占有非常重要的地位。他（她）几乎做任何事都会得到父母的夸奖，而你似乎做任何事，都不被太多人注意。但非常不公平的是，不管你做得多好，父母都看不到，而只要你做错了，或者做得不够好，家长就会马上拿你和他（她）做对比，然后说：“哎呀，你为什么总是这么笨呢！”

其实，你非常渴望代替父母眼中那个优秀的孩子。于是，你希望自己做出的任何一件事、任何一个决定，都像父母期望的那样完美。同时，你也非常害怕失败。因为一旦失败，就意味着要再一次被父母拿来做对比，被兄弟姐妹嘲笑。

压力就像小山一样压在你的身上。以往的经验告诉你，你不可能比那个优秀的孩子做得更好。如果你真的行动了，面临的一定是失败。于是你开始选择拖延。如果不做，就不用接受新一轮的评判。

陈雪是一个自尊心比较强的女孩。但是，她从懂事起就经常听到妈妈不断夸奖比自己大六岁的姐姐。随着年龄的增长，陈雪渐渐听到了更多来自长辈和邻居对姐姐的肯定和赞许。相反，长辈们很少夸奖陈雪。

内心受伤的陈雪开始变得叛逆，她开始主张自己挑选衣服，晚上自己睡一张床。她希望通过自己的努力超越姐姐，以便获得父母的肯定和表扬。但是，每当陈雪穿着自己挑选的衣服出现在家人面前时，就会引来妈妈和姐姐的一阵嘲笑。她想向父母证明，自己也非常优秀，但父母的态度让她时刻感到压力。于是，她滑向了完美主义者的阵营，同时又开始变得拖延。比如，每次妈妈要求她自己挑选一条裙子时，她总是犹豫不定，反复比较，最后又非常懊恼地认为每件衣服都不合自己的意，于是一次次放弃买新衣服的权利。

当姐姐已经换过好几条裙子时，她仍然穿着几年前的旧裙子。陈雪的想法是，要买就买一条完美的、能瞬间超越姐姐的，否则就一条也不买。要买就买最好的，否则就不要。这种非此即彼的处世态度，正是拖延和完美主义者的典型思想。

事实上，他们没有做到完美，只是一直把事情往后拖而已。

而另一种非常普遍的现象就是，父母在情感上对孩子表现得过于依赖。父母给孩子传输这样的观念："我是爱你的，我为你付出了所有，付出了一生。如果你离开了我，背叛了我，将会受到上帝的谴责和惩罚。"

于是，在这种家庭中长大的孩子，会对家庭中的其他成员给予更多照顾。同时，他们会为了家人，而把学习或工作的事情拖后。如果家庭成员有需要，他们立即就会做出以家人为中心、其他事情都先放下的决定。他们认为，如果他们不把学习和工作往后拖，而置家人于不顾，将会受到父母强烈的谴责，而他们自己也将会有非常强烈的内疚感。

直到有一天，他们长大了，有了更多的朋友，需要长时间地离开家了。但是早期教育已经深深影响了他们的思想。他们害怕更多的人和事介入自己的生活中，因为这样的话，他们就要离家庭更远。如此一来，他们的行为就代表了离开和背叛。为了不让自己背叛家庭，他们开始把很多应该做的事拖后。这样，他们就可以回到家庭中，内心也无须再像之前那样忍受煎熬。

不管你是在哪种早期教育下长大的孩子，只要你患上了拖延症，就一定有教育的原因在里面。如果在以上三种情况中，你找不到属于自己的那一种，则说明你的情况比较特殊。不过没关系，拖延症显然有早期教育的深刻影响，但是只要你意志坚定，足够用心，足够努力，克服拖延症是没有问题的。

什么让你选择拖延

生活中，有很多人都有拖延的毛病。拖延让人身后总堆积一摊子做不完的事。虽然人们没有及时去处理事情，但不代表会将事情忘记。拖着这些事不做，又怕完不成任务交不了差，所以心里总是惦记着。可见，拖延从某种程度上说，能为人的心理带来折磨。那么，到底是哪些原因导致了人们的拖延心理呢？

心理学家在研究拖延时发现，人在行动上拖延是因为受到个人即刻满足的心理影响。即刻满足是指个人在满足自己欲望时，因为对未来很多不确定因素充满疑虑，就倾向于立即满足自己的欲望。例如我们想到公园晨练，但是又想到换衣服、换鞋再乘车到公园来回都是麻烦的事情，所以就会一直拖着不去，先让自己一时的轻松愉悦心理得到满足，然后某一天再付诸行动。因此，很多研究拖延的心理学家认为，个人对于自身欲望满足的即时倾向是导致个人在行动上拖延的原因之一。

1999 年，心理学家里德和洛温斯坦等人做了一项拖延心理的实验。他们召集了一批被试者，让他们从 24 部电影中选择自己喜欢的 3 部。这些电影包括高品位、有深度的《辛德勒的名单》《钢琴家》，大众电影《西雅图不眠夜》《窈窕奶爸》，娱乐电影《变相怪杰》《生死时速》等。实验人员想看看这些被试者倾向于娱乐性强的电影还是有深度的电影。结果大部分被试者选择的三部电影中都包含经典影片《辛德勒的名单》。

接下来，实验人员让被试者们在三部电影中选一部立即观看，一部两天后观看，还有一部在四天后观看。经过统计发现，大部分被试者第一天都选择观看娱乐性电影，如《变相怪杰》《生死时速》等。而71%的被试者将最费脑子、品位最高的电影放在四天之后观看，如《辛德勒的名单》。实验人员为进一步证实实验结果，又让被试们选择三部影片一次看完，结果与之前选择相比，只有1/14的被试者首先选择了《辛德勒的名单》进行了观看。

因为《辛德勒的名单》的深度与费脑子的程度相比其他影片都比较高，对人们休闲娱乐的欲望满足较小；而《变相怪杰》和《生死时速》娱乐性最强，对人们的休闲娱乐欲望满足最大，所以被试者们为了满足自己即刻的休闲娱乐欲望，就会拖延观看《辛德勒的名单》。

可见人们在行动上拖延，是为了轻松片刻。当然及时行动确实是消耗体力和脑力的事情，不过我们也不能因为害怕劳累，就放着事情不做，因为拖延到万不得已的一天再去做，肯定会消耗更多精力，还会把事情办砸。所以有些拖延的人在完成任务后总是会说："因为我拖延，所以才把任务做得很糟糕。如果我早点去做，就能做得很好。"他们这么说意思是将错误归于拖延，却不想自己为何要拖延。

将拖延作为办事不利的借口，而不敢承认自己的能力不足，也是导致行为拖延的一种原因。

为何很多人一到紧要关头就停滞不前，思前想后顾虑重重？

例如，一个人想要考取职业等级证书，开始还认真地学习两天，到后边就开始放纵自己，说是今天要复习，结果又拖到明天，直到考试也没看几本书，最后以失败告终。其实，这些人就是因为害怕自己能力不够，担心集中一段时间复习并不能将知识补充完整，于是干脆就不给自己机会，用拖延当借口。还有些人一到关键时刻就出问题，例如演出时忘了带服装，开会时忘了带文件，出差时忘了买火车票，这都是因为他们担心事情做不好、内心焦虑造成的，因此就给“拖延”找个合适的借口。这种现象被心理学家称为“自我妨碍”。

“自我妨碍”又称自我设限，就是指自己给自己设定阻碍，为摆脱失败需要承担的责任，就给自己设定一些有阻碍的行动和想法，例如拖延。其实他们不是真的想拖着不做，而是因为害怕失败，所以故意拖延事情的进展。

心理学家史蒂文·伯格莱斯和爱德华·琼斯针对自我妨碍导致拖延做了一项实验。实验人员让被试者们做一些特别难做而又无解的题目让他们解答。等他们做完之后，就把试卷收了起来。接着实验人员告诉这些被试者，其中一人到目前为止取得了最高分，这名被试者听到后非常开心。

然后，实验人员告诉所有被试者，下个任务也需要做一些题目，在做题目之前可以选择两种药中的一种吃下去：一种是“聪明药”，一种是“傻瓜药”。聪明药能促进人的思维，让人更聪明；傻瓜药能抑制人的思维，让人受干扰。按常理来说，人如果想取得好成绩，更希望自己能变聪明一些，但是有些人则不这么想。被试者们选择完毕后，实验人员对选择结果进行了统计，结果发现大部分被试者选择了“傻瓜药”。

其实两种药物均对思维不造成任何影响，实验人员只是想知道人们的想法。因为被试者中的大部分人听到有人已经取得了最高分，认为自己不会超越对方，有了自我妨碍心理。尽管听说有一种药能让自己思维敏捷，但是他们害怕自己仍然失败，所以只好选择傻瓜药，拖延行动，以此作为不能更好完成任务的借口。

因此，要想克服拖延，我们应该克服即刻满足心理和自我妨碍心理。

人大多数时候都希望满足自己的欲望，因而就拖延了某些行动。例如我们想满足自己的娱乐欲、休闲欲、睡眠欲等等，就会把更多的时间用来上网、游玩、睡觉、看电影，而将需要完成的任务放到一旁。如果你在完成某件任务时，能抵制欲望，强迫自己坚持完成重要的事情，时刻提醒自己任务的重要性，就能促使自己向目标前进。

如果你不是被休闲娱乐分了心，而是怕自己不能胜任或担当而拖延，那就要控制自己的自我妨碍心理。不要总把理由归结为时间不充沛，你应该在开始做某件事情之前就告诉自己不要找无谓的借口，一定要认真做完。经常用这样的方式提醒自己，就能帮你摆脱自我妨碍，让你不再拖延。

如何终结拖延症

拖延症不是一天两天形成的，在人脑支配行动的过程中，它是一个长时间积累的过程。比如你不能做到早睡早起，你是第一天拖到半夜十二点才上床休息的吗？你是第一次因为起晚了而迟到的吗？当然不是，这个习惯完全有可能伴随了你若干年，因此，克服它也不可能一蹴而就。

获得过诺贝尔经济学奖的著名经济学家乔治·阿克洛夫曾经坦陈过自己拖延的经历：有一次他想把一箱衣物从自己目前的居住地印度寄往美国，因为寄衣物需要一个工作日处理，他总是把这件事向后拖延，每天早上，他都会对自己说明天一定会把箱子寄出去，可是迟迟没有行动，一天天就这样过去了，一件很简单的事情足足让他拖了8个多月。后来他把自己的经历写进了一篇名为《拖延与顺从》的论文中，这篇论文引起了学术界的关注，很多哲学家、心理学家和经济学家都加入了研究热潮。

从乔治·阿克洛夫拖延寄衣物的例子我们可以看出，拖延者会因为思绪和情感的波动而陷入拖延的怪圈。比如乔治·阿克洛夫想到寄衣物需要一个工作日才能完成，就迟迟不愿付诸行动，导致了执行力受损，但由于受到理性和意志的驱使，拖延者会反复向自己强调务必要完成该做的事，可是潜在的思绪和情感又阻挠了他的行动，导致事情一而再、再而三地被耽搁，拖延行为就这样周而复始，拖延者好像永远也走不出拖延的迷宫。

拖延者的心理模式大都具有相似的特征，比如他们总是对自己过去的表现清零，每次都信誓旦旦地对自己说“这次我想早点开始”，下定决心要有条不紊地完成任务，可往往总是三分钟热情，真正执行的时候热情早就消失殆尽了。又如因为拖延把事情搞砸之后，他们都感到无比痛心，后悔没有及时行动，反反复复地对自己说“我应该早点去做”，因为失去了“亡羊补牢”的机会，只能深陷在无休止的叹息和悔恨之中，下次遇到同样的情形，还是不能立即采取行动，因为身中“后悔”之毒的他们变得非常消沉，没有信心也没有动力果断行事。再比如在拖延者口中出现频率最高的一句话是“还有时间”，无论谁催促他们都是这套说辞——“急什么，不是还有时间吗？”可是时间并不会因为人意志上的松懈而慢下来，拖拉的结果就是以达不成目的告终。

为了拖延时间，拖延者会优先去做各种千奇百怪的事情：垃圾桶里只有几片纸偏要清理；在办公室已经喝了好几杯咖啡，下班后回到家还要浪费时间煮咖啡；已经没有什么让自己感兴趣的电影看了，却把看过的电影又重温了一遍，目的在于把赶写工作报告的时间推后……拖延者在拖延时间时创造性十足，他们总能找到一些事情去做，以便延后面对自己不想面对的事情。

蒋小曼是一名行政管理人员，因为精通外语，上司经常把翻译的工作交给她来做。上司对蒋小曼的外语能力很有信心，却料想不到她险些因为拖延症误了大事。在和外商的签约会上，蒋小曼迟迟没有露面，在场人员足足多等了半个钟头，她才出现，外商代表虽没说什么，公司领导却觉得非常失礼，用不满的眼光盯着蒋小曼，蒋小曼低着头立即把翻译好的PPT文件放在桌子上，然后打开投影仪，会议就这样开始了。

在PPT演示的过程中，上司突然发现蒋小曼正忙着同步翻译文件，他搞不明白PPT文件早在一个星期之前就交给她了，工作竟然拖到现在还没做完，好在她反应机敏，外语功底深厚，赶在会议结束前把文件全部翻译完了。会后，上司非常气愤，气冲冲地质问蒋小曼一个星期的时间都干什么了。蒋小曼委屈地说以前交给她翻译的文件不过十多页，用不了多少时间就能翻译完，这次她万万没有想到要翻译的PPT文件足有上百页，她昨天晚上一看就傻眼了，熬了一个通宵也没把工作做完……

上司一听她把工作推到最后一天才开始做更生气了，问她为什么不早点开工。蒋小曼无言以对，在那个本该忙着翻译文件的一个星期里，她做了头发，买了新款的限量包，看了很多无聊的电影，还把玻璃窗擦拭了若干遍……

从本质上来说，拖延症反映了人类固有的意志缺陷，这一点我们无须为自己的行为开脱，但这种缺陷的背后潜藏着复杂和深刻的情绪问题，比如根深蒂固的恐惧、无法挣脱的自我怀疑等，因此我们不能控制自己，在不断的挣扎中反复犯同样的错误。

为了跟顽固的拖延症对抗，有两个步骤必须不断重复，那就是在行动中调节和在调节后继续行动。

行动，就是针对一个目标去实践，体验改变的过程。回顾了拖延带来的糟糕的心情之后，我们可以开始调节自己的行动了。现在从心理层面转到实践上来。在行动方面，为了取得良好的结果，你的想法和意图要经过测试，找到你积极行动并取得良好结果的那一部分，看看你的情绪和观念发生了哪些变化。

调节，就是把自己的认知整合起来，用新的方式思考、感受和行动。在这个环节，高效率的观念和拖延的想法会进行斗争，它们可能同时存在，不断发生冲突，而你的行为就是它们斗争的结果。可以这样说，当你想明天再做的时候，可能立即行动的观念并不肯退缩。

在行动的过程中，你那些脱离实际的想法会一点点地被发现。无论你的觉悟如何高，如果不通过行动来检验，你就不知道自己的拖延程度还有多深，更不知道自己的行动是否变得更有效率了。只有通过行动，才能取得进步。

如果你之前没有针对自己的拖延做过原因分析，也可以从行动这一步直接入手，在行动中逐步发现那些拖延的内在过程，之后开始进入体验改变的行动。在这个时候，你就成了一个改革者，你要不断注意自己的变化。给自己做一个行动的计划，始终贯彻立即行动的理念，用严肃认真的态度看看预期的目标能实现多少。

如果不行动，就像一个没有开过车的司机。就算这个司机学到不少理论知识，但是如果他没有开车上路，那么他不可能是一个好司机，唯有时间才能让一个司机变得优秀。在克服拖延的开始，无论你的脑子里有多少克服拖延的系统方法，没有行动来检验，你也很难说自己克服了，你已经高效了。行动和调节能在自我学习和矫正的过程中，让你对自己加深了解，你知道自己的问题会出现在什么地方，逐渐你也能掌握对自己来说最有效的方法。

行动和调节的过程中，最重要的是“立即行动”和“拖延更好”之间的斗争过程，你对自己说了怎样的话，让“立即行动”成为现实，而让“拖延更好”自动退出。如果你听从了“拖延更好”，那么又是什么想法，让它占了上风的呢？克服拖延就要从这些地方入手，逐渐敲碎“拖延更好”，而实现“立即行动”。

第二章　你被拖延绑架了吗

拖延症是一种人生观、价值观、自我认同的产物。当你对自己的认同产生障碍，人生观和价值观发生扭曲的时候，拖延症就会不期而至。只有充分地了解自己的心理弱点，搞清楚自己被拖延症“绑架”的成因，才有可能成功地逃离拖延症的魔爪。

被注意力缺失绑架

在日常生活中，人们经常会出现注意力分散的情况。比如正在看书的你，眼睛总是不断地往电视上瞟；正在吃饭的时候，外面有了喧闹声，于是放下饭碗去外面看热闹。这种注意力分散，会在很大程度上造成拖延：打算半个小时看一章的书，用了一个小时才看完一章；十分钟就能吃完的饭，结果花了二十分钟。在工作中，这种因注意力分散而产生的拖延更为明显。比如当你打算集中精力工作的时候，足球比赛开始了，于是你的注意力便被球赛分散了。尤其是当你对手头的工作感到厌烦的时候，注意力分散得更严重。这是造成工作拖延的很重要的因素。

人们以前一直认为，注意力分散完全是心理因素的影响。一个人对另一件事情产生了更浓厚的兴趣，才会出现注意力分散。但是，现代科学研究表明，注意力分散并不只是心理原因，某些情况下，生理也可以成为重要因素。

近二十年来，世界各地的一些具有相似特点的孩子被认为患有注意力缺失多动紊乱症类的疾病。

长达几个世纪的时间里，人们发现有些孩子有类似的特点，他们好动、野蛮、乖戾、热情过度，说起话来没完没了，沉溺于幻想，但是始终找不到是什么导致了这些行为。直到近期，人们才发现了这些行为背后的秘密。

在对大脑进行的研究中，人们发现，患有注意力缺失多动紊乱症的人在脑部某些部分的发育上和正常人不同。他们的脑额前叶部分较正常儿童发育迟缓，一般来说迟三年左右。脑额前叶是维持注意力、规范行为、计划未来和自我控制的部位，当脑额前叶发育不健全的时候，就容易出现上述的各种症状。

注意力缺失多动紊乱症最核心的症状有三个：注意力不集中、容易冲动和烦躁不安。他们没办法把自己的注意力长时间集中到一件事情上，因此当他们在执行某项任务的时候，执行过程很容易自行打断，任务也会被无限拖延下去。有这种情况的人跟正常人的注意力分散不同，如果不是患有这种疾病的人，很难体会到想记住或者想集中精力而做不到的感觉。

磊磊是个患有注意力缺失多动紊乱症的孩子。他显得比一般的孩子要淘气得多，不是爬上爬下，就是撕扯东西，要么就大声喊叫，总之，他一刻也闲不下来。他倒是玩得不亦乐乎，可是看护他的人却被折腾坏了。他一刻也安静不下来，常常遭到家里人的训斥。后来，磊磊上学了，可他还是老样子，他的注意力一刻也不能集中。放学回家，他没办法集中精力写作业，有时甚至会忘记作业的内容。对于他不感兴趣的事情，他都做不下去。即使是感兴趣的事情，也只是浅尝辄止，因为他的注意力总是在到处转移。不管是什么事情，他都会做得拖拖拉拉。

这种疾病的患儿在进入青春期后，有 30%~40% 的人会有好转，因为随着年龄的增长，脑额前叶也会渐渐发育，注意力分散的问题会渐渐减少。而另外的那些人，直到成年也难以摆脱这种疾病的困扰，他们的梦想很难实现，他们想做的事情也很少能做完，无论有多少个最后期限都会错过。

正常人也有注意力不集中的情况发生，根据统计数据，在本人并没有注意的情况下，15%~20% 的时间里，我们的脑子在开小差。对于正常人来说，当发现自己的注意力分散了以后，很快就能收回注意力。可对于患有注意力缺失多动紊乱症的人来说，收回注意力实在是太难了，他们没法把精力保持在一件事情上太久。

多数学者把注意力缺失多动紊乱症看成是一种生物因素上的疾病，而有些学者则认为它与环境影响有关。在现代社会，人们每天要面对诸多问题，有时会在同一时间接收多条信息，处理多件事情，人们必须不断转移自己的注意力，使那些事情能顺利进行。他们处理事情的方式和注意力缺失多动紊乱症患者的方式相同，都是采用简单处理一下就转移视线的方式。

不管是生物方面的因素，还是环境影响了这些患者，我们都不该把他们看成是另类。他们只不过是拥有与常人不一样的大脑，比常人更容易拖延。我们需要给他们更多的理解和帮助。即使是正常人，如果存在拖延问题的话，也会在某些时刻需要帮助。他们只是需要得更多而已。

被强迫症绑架

我们都听说过强迫症，但未必知道它会引发拖延。强迫症患者会给自己施加巨大的心理压力，并在逃避压力的过程中发生拖延。

强迫症的主要表现是心理和行为上的强迫。强迫症的成因很多，比如家庭暴力、他人的不理解、外界歧视等等，也会由外界压力引起。它会导致一些行为上的障碍并引发拖延。

强迫症患者会反复地做自我强迫，明明知道做这些事情没有意义，还是没法让自己停下来，越是想停止就越是感到紧张、难受，结果导致一些该做的事情被拖延了。

很多年轻人有晚睡强迫症，劳累了一天之后，熬到夜里两三点才睡觉，他们也知道自己第二天还要早起，可还是不停地刷新网页，跟朋友在 QQ 上聊天。好不容易放弃了电脑，靠在了床头，还是不想躺下，手里又开始翻杂志。想着第二天可能起不来，又拿过手机定闹钟，趁这个空当再刷一下微信，看看朋友们又转发了什么有趣的消息……直到夜深人静，关了灯，还是难以入眠。

该睡觉的时候不睡觉，而是做这些并无太大意义的强迫行为，就是轻度强迫症的表现，如果再严重的话，可能会胡思乱想或情绪激动。

要想克服这种强迫心理下的拖延行为，就要了解强迫心理的原因。引起强迫症的原因是多方面的，年轻人的强迫症，多数是由于压力造成的。因此，年轻一族只要找到压力的来源，并做缓解，就有助于克服强迫症。

学生有升学压力，上班族有工作压力、生活压力、家庭期待带来的压力。当压力得不到缓解，看上去这些人正在默默承受，而实际上大脑已经开始不自觉地让他们选择拖延，他们的潜意识对压力选择了逃避。

陈学明毕业半年了，工作依然没有着落。眼看同学们都找到了工作，他的父母开始接二连三地数落他。一些亲戚也对他表示同情，屡次告诉他“慢慢找，别着急”。他觉得压力越来越大，心情越来越差。他觉得找工作实在是太难了，已经懒得尝试了。于是常常睡到中午十二点才起床，吃过饭也不再忙着投简历和面试，而是开始玩游戏。他变得沉默寡言，再也不愿意出门。父母看着他越来越颓废，觉得伤心极了。他的内心也充满了自责，却不知怎样才能拯救自己，只好一天天沉浸在足不出户的荒唐日子里。

陈学明没有找到工作的压力越来越大，他没有地方可以发泄情绪或者释放压力，只能硬撑着。他知道自己的责任是尽快找到工作，可是他在做不到的情况下，潜意识帮他做出了逃避的选择。他已经在深深的焦虑中患上了强迫症。

因强迫症导致的拖延，并不是多么丢人的事情，更不要过于自责。这是人体自身防御机制所致，是我们的身体为了保护自己，而做出的逃避压力的反应而已。

这种拖延状态下的人常常会感到精神上的痛苦，不是小看自己就是自责。而且这种拖延的原因不会轻易被发现，自己一时也弄不清自己是什么想法。到底是怎么成为现在这副样子的，自己也说不出个所以然来。

对自己的拖延行为做个总结，看看是不是自己的强迫心理在作怪。如果是，首先要放松心情，建立信心。抛开所有压力，去玩个痛快也不错。情绪好起来之后，可以找父母、朋友谈谈心，说出自己的难题，建立信心。持续的压力会给人的心理和生理造成伤害，而保证睡眠，参加适量的社交活动或者运动，有预防和战胜强迫症的作用。

被信心不足绑架

人们总是会时不时地遇到一些让自己产生畏惧和恐慌的事情，比如艰巨的任务，比如对未知的探索。有些人面对这样的情况，会觉得非常刺激，勇于接受挑战。而有些人则顺从自己的畏惧心理，对此进行逃避。其实逃避是人类对于自身畏惧心理的一种自然而然的反应，某些情况下，逃避可以保证人们的生存。但是在日常生活和工作中，一般并不涉及生存的重大问题，逃避只能是让人把事情往后拖。在各种类型的拖延中，逃避型拖延占了很大的比重。

让人产生逃避心理的因素有很多，其中一种是信心不足。

一些人对完成任务的信心不足，总是想逃避任务，他们不制定过高的目标，这样就可以少面对那些自己不擅长的事情。那些对考试头疼的孩子，写作业总是拖拖拉拉，他们觉得学习太难了，他们没法沉下心来复习功课。一些需要改善健康状况的人，迟迟不肯运动和调整饮食结构，因为他们没有足够的信心坚持下去。而业绩不好的销售员，也常常害怕跟客户沟通不好，逃避面对客户。

宋伟玲做的是保险销售工作。她刚刚在保险公司入职，第一个月，并没有销售压力。每天听听公司的销售讲座，跟那些老同事一样，看一些推销的书籍，对着镜子喊振奋人心的口号。日子过得很开心。

可是第二个月一开始，业绩压力就向她袭来。早晨上班后，她坐在办公桌前，给目标客户打了两次电话就没信心了，对方不是说正在开会，就是说正在忙呢。她开始对自己的能力感到怀疑，觉得自己没办法说服客户，于是她产生了逃避的想法，只要能不打电话，就尽量拖着不打。

一天的时间很快过去了，宋伟玲一个意向客户也没有联系到。

宋伟玲对客户冷漠的反应感到恐惧，她没有信心打动客户、拓展业务，只好选择逃避。这样的销售人员怎么可能做出业绩呢。在销售工作中，不知道要被拒绝多少次，才能出现一个意向客户。客户的拒绝是销售工作中需要面对的主要问题，任何一个业务员也无法回避。一些人在最初的拒绝声中丧失了信心，而另一些复原能力非常强的人，会把被拒绝当成平常之事。宋伟玲就属于前者，她拖拖拉拉地不肯去主动联系客户，而是让时间白白地浪费了。

缺乏自信导致的拖延非常常见，很多人放弃努力都与此有关。例如：一些慢性病患者对康复缺少信心，他们接受了身体现状，不再为治愈疾病而努力。一些患上抑郁症的人，做任何事情都没有信心，任何决定都要推迟。

缺乏自信的人选择拖延，他们的动机是将期望值降低。

一些孩子，这次考试考了 60 分，而下一次考试的目标只有 65 分，他们这么做的原因就是对提高成绩缺乏自信。身为销售人员的宋伟玲也不会要求自己按照公司的要求完成销售任务。这样一来，他们把拖延变得合情合理了，至少是说服了自己。

缺乏信心而导致拖延并不是突发的，是逐渐养成的。

例如事例中的宋伟玲，如果追究起她从前的生活，必然也有类似的拖延情况发生。

有些人在成长的过程中受到了家长的严格管教，在艰难的成长中养成了不拖延、不后退的习惯。而另一些人，自身不是很自信，又一再地放任自己，等到逃避型拖延已经养成，自己也感到无奈了。这样的拖延者根本没有宏伟的目标，他们期待自己只要能做到正常的一半就很满意了。他们不会真正地付出努力，只会一直拖下去。

被厌烦心理绑架引发的拖延

每个人都有不喜欢做的事，如果你讨厌写论文，你很可能一拖再拖，拖到非交不可的时候，才勉强写了一篇自己都不知道在说什么的论文。在自己讨厌的事情上，人们都很难积极起来，你宁可做做家务，也不愿意碰那篇论文。

人在心理享受程度高的时候，做事会比较积极，而心理享受感低时，怎么也不愿意行动起来。你很久才打扫一次家里的卫生，那是因为你太讨厌做家务了。喜欢的事情和讨厌的事情同时摆在眼前，谁都会选喜欢的先做。能清闲地陪来拜访的客人聊天，谁还愿意去修剪草坪呢?

一般情况下，谁也不会追着讨厌的事情去做。所有讨人厌的事情都会被一拖再拖，因此很多人会在大扫除、看医生、锻炼等事情上拖延。几乎有百分之七十的人办了健身卡而没有坚持去健身。很多人不喜欢去医院，牙疼了很久，也不肯就医，直到忍无可忍，才去看牙医。

人们讨厌的事情不尽相同。有人讨厌洗衣服，有人讨厌做饭。具体事情的拖延程度也因人而异，有的人家总是在厨房堆放很多没洗的碗筷，有的人家冰箱里老有发霉的食品，而有的人家冰箱里总是缺少食品。

要想判断自己是不是因厌烦情绪而拖延，只要回忆一下自己平时是怎么抱怨这些事情的就行了。你在自己抱怨最多的事情上，拖延了吗？

人们在愉快和有兴趣的事情上十分热衷，可以拿出奋起直追的劲头，在一些不能带来愉悦感的生活琐事上，则一拖再拖。很多有慢性拖延症的人对工作和生活中零零碎碎的责任简直厌烦透了，他们总是抱怨说：“这些事情真是烦死人，我不想做。”要是非做不可的话，他们会选择速战速决，草草了事。

如果你认为“工作真让人讨厌”，而且对工作没有热情，那么你完全可能会因为心理享受感很低而拖延工作。你在工作中的拖延行为，基本就该归因于此了。

李萍萍早在一个月前就该写毕业论文，可她迟迟没有动手。只要有人跟她说起写论文，她就感到厌烦透了。最后期限将至，经过一周的心理斗争之后，她才带着极不情愿的心情，坐在了电脑前，准备利用一天的时间写写论文。可她坐在电脑前，脑子里却一点论文的影子也没有。这可怎么办才好呢？明天就要交论文了啊！她看着标题在文档里敲了一行字，这时候，她的一个朋友开始通过网络跟她聊天，他们互相交换了一些有趣的网页链接之后，李萍萍就在那些网页之间流连了两个小时。直到午饭时间，李萍萍才如梦初醒：“我不是要写论文吗？怎么就打了一行字呢？”再看看那行字，哦，真是太糟糕了，还不如不写。

午饭后，李萍萍带着困意又坐到了电脑前，“唉，这样下去是写不完了。还是想想别的办法，凑一篇吧！”接着，她在网上开始搜索相关命题的论文，很快就拼凑了一篇。“太好了，明天可以交论文了！”

李萍萍讨厌写论文，她根本没心思写，她觉得这是一项没有任何趣味可言的事情，虽然早在一个月前就该动手，可她一直拖到最后期限的前一天，即使坐在了电脑前，也没法集中精力写，而是左顾右盼地用其他事情打发时间。当她重新阅读了自己写下的一行字，又觉得写得太差了，还不如在网上复制和粘贴的更好，最终她还是没有写，而是拼凑了一篇。

人们知道在自己不喜欢的事情上没法投入精力，因此会在选择方面下功夫，比如，在选择学习专业和职业方面，每个人都更倾向于选自己喜欢的。如若不然，学业和职业不仅仅是痛苦的源泉，而且因为缺乏积极性，会影响个人发展。

要克服这种拖延，除了注意选择之外，还要注重对不得不面对的事情培养兴趣，唯有如此，才能让大脑不会总是发出“无聊”的信号，让你总是在这些事情上拖下去。

如果你讨厌做家务，那就想想窗明几净的家多温馨啊！如果你讨厌写论文，那么就想想如果自己一次就通过，就再也不用写第二次了。要是你讨厌锻炼，那就看看肌肉型男是多么受女性的青睐。总之，你得找到行动的动力。

被害怕失败绑架

害怕失败也是引起拖延的原因之一。已经有很多研究者得出了这方面的结论。

1983年，加利福尼亚的两名心理学博士经过临床研究得出结论：对失败的恐惧会引起拖延。

1984年，佛蒙特大学的劳拉·所罗门和艾斯特·罗斯布卢教授发表了一篇文章，他们指出很多学生害怕失败，导致写作、选课等事情的拖延。

1992年，荷兰额罗宁根大学的一位博士也指出，一些学生没能完成学业的主要原因，是害怕失败而引发的拖延。

2007年，加拿大卡尔加里大学的皮尔斯·斯蒂尔博士经过研究发现，在一定程度上拖延和害怕失败之间是有关联的。他的结论是：害怕失败会让一些人拖延，不作为，而它也会让另一些人变得积极起来，他们不拖延，而是快速行动。

随后的一些研究者，针对导致拖延的恐惧类型进行了研究。一些人是因为害怕辜负了亲人或朋友的期望，而什么也不做；另一些人害怕表现不够出色伤害自尊而逃避做事；还有人认为不会成功，始终不敢行动。

从以上原因看，这类拖延者和信心不足而导致的拖延非常相似，可加拿大卡尔顿大学的派切尔教授跟他的同事们针对这种拖延做了研究，他们的研究结果证明这种拖延并非完全等同于信心不足引发的拖延。

他们的结论是：这种拖延行为在某些条件下会自动消除。如果一个人认为在某件事情上拥有彻底的自主权，而且外在的条件也能由他控制，即使他的内心也存在对失败的恐惧，但他依然能够行动起来。也就是说人们在认为自己的需求得不到满足的时候，才会拖延起来。如果你对某些事情并无信心，而且不知道结果怎样，你很可能会把此事搁置一旁，不予理睬。

我们可以把它理解为，这种拖延是信心不足和心理上的不满足相叠加的产物。

害怕失败的拖延非常好鉴别。如果你有以下这样的想法，那你多半是这种拖延类型：

“我根本做不好这件事，干吗还要做呢？”

“这件事完全不在我的控制范围之内，做它干吗呢？”

“还是先别做了，万一不成功，怪丢脸的！”

害怕失败而导致的拖延是完全可以克服的。斯蒂尔博士的研究足以证明这一点，他发现对失败的恐惧能引起两种完全相反的行为，一种是拖延，一种是积极行动。那么我们可以让它对人的影响转向积极的一面，积极行动起来，不就是克服了拖延吗！

如果你想做出改变，就请相信：你可以做到。之前，在潜意识里，你一方面想着自己不行，一方面又想着自己控制不了局面且跟不上形势的变化，因此你迟迟不能改变自己的行动。你相信命运，相信天命，是因为那些不可改变的因素被你夸大了。也许你曾经有过什么失败，让你也相信了自己能力不足，你觉得面对你的人生，你无能为力，仿佛什么都不是通过你的努力就能得到的，因此，你干脆什么也不做。

只要你能在心理上做两点改变，就能克服这种拖延。首先相信自己有控制能力，面对一切变化都能尽力适应；其次是酝酿对成功的渴望。只要你知道自己需要做出改变，并且知道如何改变，那就可以开始为克服拖延而行动了。

既然害怕失败会引发拖延，那么要想克服拖延，就要对自己的恐惧心理进行调适，让自己不再害怕面对失败。我们可以从心理和行为两方面来努力。

我们要做的是先调适好心理，再开始行动。带着不同于以往的心态开始行动，比单纯强调行动的效果会更好。

在战胜对失败的恐惧方面，有三种态度非常重要。

1. 第一次，我不要做到最好，只要能完成就可以了

我们接手一份新的工作时，如果想着把它做得尽善尽美，会增加自己的内心的压力。不要在一开始就定下一个完美的目标，免得让自己在压力下缩手缩脚。过于追求完美意味着更多的困难，它要求我们做出更多的努力，这种憧憬会渐渐给我们的心理带来一种恐惧感，削弱我们的信心和干劲。显然，这是一个不利于投入行动的心理状态，因此，我们对自己刚接手的工作不要做太高要求。

2. 办法总比困难多，没有什么能难住我

做事之前考虑周全是好的，这能帮助我们在做事的过程中规避一些问题和风险。但如果对未来无端地忧虑太多，导致裹足不前，就是过犹不及了。

我们对未来做出的推断，并不可能跟现实完全吻合，所以即便在事前就想出了对策，也未必发挥作用。因此完全没必要想得太多，不如乐观一点，相信“车到山前必有路”。

3. 失败了，可经验在

失败是一次改变自己的契机，我们可以把它看作是一次

成长的机会。在这次失败的行动中，你做了哪些努力？为什么会失败？直接原因是什么？个人原因有哪些？总结出失败的教训，下次不要再犯。

长时间的努力之后，却迎来一个失败的结果，确实会让人信心受挫。因为失败产生逃避、畏惧的心理也很正常。可是不能在这种心情中沉溺太久。看看自己走的路，也许成功已经不远了，只要再前进一小步就能实现目标。你需要重新判断一下，是不是要再给自己一次努力的机会。

做好心理调适以后，就可以开始行动了，有两点很重要，务必在行动中贯彻。

1. 说干就干，不拖拉

用最快的速度开始行动非常有利。对于拖延者来说，最困难的是开始行动，而一旦动起来，就可以借机鼓舞自己的士气。不要想等到万事俱备，才开始。对于拖延者来说，等待天时地利就是拒绝行动的借口。重要的是抛开借口，让自己进入工作状态。一定要养成只要接到任务，就立刻开始行动的好习惯。在第一股热情没有退去的时候，坚持把事情做完。

2. 遇到问题，就求助

很多害怕失败的人都忘记了这条重要原则。他们只考虑了自己的力量，而忘记了向他人求助。没有谁是全能的，懂得求助，才能更好地完成任务。

最不愿意求助的是死要面子的那类人。他们看着时间流逝，也不愿意找人帮忙，仿佛自己做不到这件事情，就太丢脸了。找人帮个忙，胜过自己死撑。就算请自己的下属、晚辈、孩子、学生，都不算丢脸。只要能解决自己的问题，向谁求助并不重要，关键是能让你渡过难关。

被对未知的恐惧绑架

有一种拖延很有趣，跟逃避讨厌的事情相反，是明明对某件事充满了向往，却迟迟不肯行动。一个梦想着去旅行的人从来不愿意走出生活的城市；一个向往运动的人，从来没有参加过体育活动；一个想谈恋爱的人连一封情书都没有写过……

明明内心充满向往，为什么不做呢？因为他们恐惧事情的未知部分，他们不敢走出生活的地方，去体验旅行的乐趣，害怕旅途中出现自己难以应付的局面。他们不敢参加运动，担心竞技体育会发生意外。他们不敢写情书，因为不知道写情书会带来什么结果，对方的态度会是什么样？如果对方拒绝该怎么办？照此看来，他们一方面对这些事情充满向往，而另一方面又怕事情会不受自己控制。他们能如此拖延，完全是恐惧心理在作怪。

任何事情都具有未知性，我们都不是先知，无法预料事情的发展过程，更不能详细地预料到每一个细节。可是任何事情都具有双面性，过多地对不好的一面恐惧，怎么能行动起来呢？虽然未知的部分未必是我们擅长的，但我们可以学习；出现意外，也可以想办法解决，办法总会多于问题。这样，我们才能体验到生命之中的乐趣。

家住天津和平区的一对退休夫妇也曾是环游世界的“梦想

家”。最初，他们害怕语言不通、遇到困难，又担心身体超负荷、钱不够用等等。可是他们经过一番思想斗争，还是决定走出去。终于在 1994 年，他们迈出了第一步，走出了国门，做了一次异国之旅。回来之后他们的那些担忧变少了。此后，他们每年都给自己安排出国旅行。至今，他们已经走过了四个大洲的近 20 个国家。两个人每次说起旅行，就会滔滔不绝地讲起无数的奇闻趣事。

如果这对夫妇让担忧和恐惧主导了自己的生活，怎么可能体验到环球旅行的乐趣呢？事情具有任何可能，如果不做，怎么能知道结果呢？这对夫妻不也是在第一次异国旅行完成之后，消除了顾虑，放心地投入到自己喜欢的旅行之中的吗？放弃对乐趣的追求，就等于放弃了生命中的精彩部分。想必他们也遇到了不少问题，但是他们也肯定想办法解决了，才会把旅行的乐趣坚持下去。

换句话说，要想得到，必须付出。

在纽约的博彩业，有一条至理名言：“要想中奖，就得投入！”而对于我们而言，为了获得生活中的乐趣，你不得不去尝试。要是害怕摔跤，哪个孩子还能学会走路呢？

电影《海上钢琴师》的主人公 1900 是一艘客船上的弃婴。他一生没有走下过那艘船，直到那艘船退役时，1900 也没有走下甲板，最后跟那艘船一起被炸毁了。

1900 并不是没有想过下船。他爱上了一名年轻的女乘客。一直到女孩下船，他也没能表白。1900 心里却一直思念着那个女孩。在朋友的劝说下，他怀着对爱情生活的憧憬决定走下那艘船，到陆地上生活。一个春天里，所有的船员都出来跟他告别，他穿着Max送给他的骆驼毛大衣，缓慢地走下船梯，可他走了一半就站住了。他茫然地看着繁华的纽约港，停了一会儿，将自己的帽子扔到了海里，转头回到了船上。他说再也不下船了。

多年以后，他对自己未能下船的原因做了解释。他说世界太广阔了，大得让他害怕，那些交错的街道没有终点，就像有无数个键的钢琴，这种望不到边的感觉，让他感到恐惧。他宁愿死掉，也不愿意茫然地面对一个没有尽头，无所适从的世界。

1900的朋友为他不能下船感到惋惜。在我们的眼里，生活在陆地上远比生活在航行的轮船上要安全，学会认识街道并不那么难，熟悉一个环境也是生活中的一部分而已。可1900却因为对未知陆地生活感到害怕，迟迟不肯下船，连自己喜欢的姑娘也放弃了！如果他走下来，尝试一下走在陆地上的感觉，去拜访一下那位心仪的姑娘，说不定很快就会适应，收获自己的爱情。

拖延去享受乐趣的人自有他们的理由，可是说服自己拖延，不如说服自己行动。不尝试就永远也没有机会体验生活的乐趣。生命如此短暂，我们不该只有向往，却不行动。要是《背包十年》的作者担心到处旅行的日子会让他生活窘迫，他就不可能享受到处旅行的快乐，更不可能成为旅行畅销书的作家。

我们不能拖延追求乐趣的脚步。如果想去旅行，就迈开大步走出去；想参加集体运动，就赶快去报名；遇见一见钟情的女孩子，也要尽早表白……

第三章　拖延症的危害

现代社会，时间就是效率，任何人都在抓紧时间做事。然而，一些拖延者却总是在为自己找借口。他们的大致状态是：精神不振、状态不佳、情绪糟糕，但越是这样，他们越是拖延，始终处于负面状态中，掉进拖延的怪圈。

拖延症就是心灵的破窗

每个人内心深处都有一个“大法官”，时刻评判着自己的行为。当你达不到自己的要求时，你就会感到自责、挫败、羞愧、自我厌恶，对自身产生了深深的怀疑，把自己定义为全世界最失败的人，甚至想通过某种方式来惩罚自己。比如当你没能如愿拿到奖学金、论文不被导师认可、工作受到上司否定时，你都会产生这样的情绪。

在和拖延症纠缠的过程中，你时刻都会受到“大法官”的咒骂，它说你没用，连最简单的事情都做不好；它责怪你惰怠、缺乏自制力；它嘲笑你优柔寡断、做事慢吞吞的样子。为此你感到愤怒，可是又不知该把矛头指向谁，因为这个“大法官”其实就是你自己的声音，你没有办法对其隐瞒真实感受和看法。当你把自己骂得狗血淋头时，便感到无地自容，觉得自己是个一无是处的废物，于是便破罐子破摔，日趋颓废和堕落。

心理学中有一个非常经典的理论叫作破窗效应，它是指一栋房子如果有一扇窗被打破了，在没有人修补的情况下，很快其他窗户也会被莫名打破；一面干净的墙如果被画上了涂鸦，没有人将其清洗掉，用不了多久这面墙就会被涂满乱七八糟的东西；行走在干净的路面上，人们出于羞耻心都不好意思随手丢垃圾，但是地面上一旦出现了垃圾，人们就会毫不犹豫地乱丢垃圾。

破窗效应的理论是由政治学家詹姆士·威尔逊和犯罪学家乔治·凯琳提出的，该理论认为放任不良现象存在，会诱使人们变本加厉地进行破坏行为。破窗效应理论的诞生源于美国心理学家菲利普·津巴多做过的一个实验，他把两辆一模一样的汽车分别停放在治安良好的加州帕洛阿尔托的中产阶级社区和治安较差的纽约布朗克斯区。他故意把停放在纽约布朗克斯区的车摘掉了车牌，还把顶棚打开了，结果汽车当天就被盗走了。一个星期过去了，放在帕洛阿尔托的那辆汽车仍停在原地。后来，那辆车的玻璃被打出一个洞后，仅仅过了几个小时它就被偷了。

当任何一种不良现象存在，原有的秩序被打破，就会传递出一种负面的信息，这种信息进而导致不良现象无限恶化。用破窗效应来解释拖延症，其过程是：你允许拖延症存在，就好比允许一栋房子有一扇破窗，这扇破窗的存在给你带来潜在威胁，让你觉得不安全，可是你又忍不住对自己说谎，为自己制造一种虚假的安定感，这时一个理性而严厉的声音不停地批评和指责你，命令你马上修补破窗，你感到羞愧、内疚、无能为力，内心充满挣扎，可仍选择继续拖延下去，你对自己越严厉，你便越憎恨自己，由于被负面情绪包围，你开始变得放纵，导致拖延症向持续恶化的方向发展，陷入“放纵—自责—更严重的放纵”的恶性循环。

姚莉为了调整自己的状态，几乎断绝了和所有人的联系，她关掉了手机，收拾好了简单的行囊，在一个山清水秀的偏远乡村休假。或许朋友们无法了解她为什么会玩失踪，这不符合她的性格，只有她自己清楚，如果再不逃离，她极有可能被拖延症拖垮。

每次坐在办公室的电脑前，她就开始怨恨自己，觉得自己是全世界最无用的人，因为她不能控制自己的意志和躯体，只能任凭拖延症的毒草在自己的脑海和躯体里蔓延，只做了一点工作就想把余下的工作拖后，能拖多久算多久，结果每天她都无法完成当日的工作。她也试过拯救自己，告诉自己每天的太阳都是新的，发誓要给自己一个崭新的开始，决定用最严厉的方式促使自己完成当天的工作，结果她越是逼迫自己，工作越是无法进行，她终于明白一切的对抗都是徒劳的，于是干脆缴械投降，任性地放纵自己，有时大半天都在做与工作无关的事情，后来发展成一连数小时都在发呆，工作几乎处于停滞状态。

姚莉变得越来越消极，心理负担越来越沉重，她觉得自己辜负了公司的信任，又感到对不起父母，心想父母一定会对自己的表现失望。她开始吸烟了，后来又染上了酒瘾，觉得自己正在向黑暗的深渊滑去。最后她做出了一个决定，离开自己熟悉的一切，到一个陌生的地方流浪。在没有手机、没有电脑，仿佛世外桃源一般的地方她的心灵得到了休憩，可是长假很快就过去了，她又要面对原来的生活了，脚下的路要怎么走，她并没有找到答案。

拖延造成的无用感，往往会摧垮一个人的意志，有拖延症的人日复一日地用尖刻的谩骂折磨自己，无异于对自己灵魂的鞭挞，这种伤害往往是难以平复的。有些拖延者对未来有着清醒的认识，知道自己如果修不好心灵的破窗，就有可能变得百孔千疮，可是又认为自己是个拙劣的修补匠，根本没有能力修补好自己。为了逃避痛苦的现实，拖延者会借助各种手段麻痹自己，进而对各种有害的事物上瘾，比如酗酒、迷恋网络、暴饮暴食……总之，拖延者放弃了自救，任凭自己沉溺，走向了可能吞噬一切的泥潭。

我们知道，人最大的敌人就是自己，当你无法面对自己，无法战胜自己，就会屈从于拖延症的摆布，变得麻木不仁或者越发痛苦。当你选择自暴自弃的那一刻，所有的欢乐和幸福都将离你而去，使你饱尝人生的苦酒。其实你的苦涩与命运无关，只是对拖延症屈服后的你不再是命运的主人，而是彻底沦为失去了自由和尊严的奴隶，这是多么可怕的事情啊。如果你不想让这样的事情发生，或者不想再扮演这样可悲的角色，那么从今天起就勇敢地站起来吧，和拖延症斗争到底，在热血和理想中重获新生。

找不到自己的目标

物竞天择，适者生存，当今社会更是一个处处充满竞争的社会，一个人要想从竞争者中脱颖而出，就必须做事要有方向感。的确，在现实工作中，一些人总是感到左右迟疑、无处着手，站在原地拖延时间，就是因为他们没有方向感，一个人若看不到前方的路，看不到希望，又怎能有决断力呢？

那么，怎样才能有方向感？这就需要信仰给予我们力量。然而，现代社会，随着物质生活水平的提高和文化的多元化，在一些人心中，对于崇高的信仰的追求似乎正在慢慢淡化，而这也是很多人心灵没有归属感的原因。因为只有忠实于崇高的信仰，心才有归属的暖巢。只有具有积极向上的信仰，人才会有良好的精神状态。一个人，如果有了积极向上的精神状态，那么，他便能做事果断，即使身处逆境，他也不会感到恐惧，能够坦然面对困难，心存希望，不会放弃，并积极寻找解决问题的办法。

对于那些拖延者而言，信仰是十分模糊的概念，他们对于明天、对于接下来该做什么、该怎样做都没有明确的答案，他们没有一个理性的目标来指导自己行动，在别人已经为信仰展开行动时，他们只能站在原地打转，浑浑噩噩地浪费着生命。

贝尔博士曾经说过这么一段至理名言："想着成功，看看成功，心中便有一股力量催促你迈向期望的目标，当水到渠成的时候，你就可以支配环境了。”也就是说，只要有积极向上的信仰，你的心中也就有了一盏灯，我们跟随着灯前行，即便在黑暗的夜里，也能看到光明。

我们先来看下面的故事。

有一位穷苦的牧羊人领着两个年幼的儿子以给别人放羊来维持生活。一天他们赶着羊来到一个山坡，这时，一群大雁鸣叫着从他们头顶飞过，并很快消失在远处。牧羊人的小儿子问父亲：“爸爸，爸爸，大雁要往哪里飞？”“它们要去一个温暖的地方，在那里安家，度过寒冷的冬天。”牧羊人说。他的大儿子眨着眼睛羡慕地说：“要是我们也能像大雁那样飞起来就好了，那我就要飞得比大雁还要高，去天堂，看妈妈是不是在那里。”小儿子也对父亲说：“做只会飞的大雁多好啊，那样就不用放羊了，可以飞到自己想去的地方。”

牧羊人沉默了一下，然后对两个儿子说：“只要你们想，你们也能飞起来。”两个儿子试了试，并没有飞起来。他们用怀疑的眼神瞅着父亲。牧羊人说，让我飞给你们看，于是他“飞”了两下，也没飞起来。牧羊人肯定地说：“我是因为年纪大了才飞不起来，你们还小，只要不断努力，就一定能飞起来，去想去的地方。”儿子们牢牢地记住了父亲的话，并一直不断努力，等到他们长大以后果然飞起来了，他们就是发明飞机的美国莱特兄弟。

这个真实的故事使我们认识到：一个人的内心如果蕴含着一个信仰，并坚持不懈为之努力，那么，他一定会是一位成功的人。人生就有许多这样的奇迹，看似比登天还难的事，有时真的就可以做到，其中一个关键的因素就在于要有非凡的信念并为之不断地努力。一百次的心动如果没有一次行动，就是一百次的失望，一百次的心动不如一次行动。

有信仰的人绝不会陷入迷茫中，只有树立明确的人生目标，你的工作和生活才更有动力。

一个伟大的人，总有着不平凡的梦想。我们熟知的乔布斯就是一个从不放弃信仰的人。而他的梦想就是——改变世界。

对乔布斯来说，正是要改变世界这一梦想，让他带领着苹果创造了一个个的奇迹。首先是 Apple Ⅱ、iMac，然后是 iPod、iPhone、iPad。而每一个奇迹都曾让乔布斯欣喜无比。虽然在追求梦想这一路上，乔布斯也走得十分曲折，甚至曾经被自己所开创的公司遗弃。但没有风浪，就不能显示帆的本色；没有曲折，就无法品味人生的乐趣。正如他自己所说的：“我非常幸运，因为我在很早的时候就找到了我真爱的东西。”

乔布斯之所以能给世界造就这么多个奇迹，这一切皆因为他不曾放弃自己的梦想，并终其一生都在为这个梦想奋斗。人的生命有尽时，而梦想却可以永驻。我们的梦想可以很平凡，但只要有梦想，有奋斗的目标，你就会是快乐而充实的。信仰具有无穷的力量，只要你追随自己的内心，你就会发现，你的生命被赋予了更高的意义，你也就不再会浪费光阴，而是让时间闪闪发光。

为此，我们要做到以下三点。

1. 为自己树立一个积极的、崇高的信仰

信仰的力量是伟大的，只有怀抱信仰，才会拥有希望。电影《肖申克的救赎》里说：“恐惧让你沦为囚犯，希望让你重获自由。”在心底坚守希望，怀抱信仰，你就拥有无穷的力量。

2. 立即行动，不要拖延

美国布莱德雷将军曾说：“习惯性拖延的人常常也是制造诸多借口与托词的专家。如果你存心拖延、逃避，你自己就会找出成千上万个理由来辩解为什么不能够把事情完成。”我们都知道勤奋和效率的关系。当一个人勤奋努力工作时，他所产生的效率肯定会大于他懒散时的工作状态。

3. 做事要有条理有秩序，不可急躁

急躁是很多人的通病，但任何一件事，从计划到实现的阶段，总有一段所谓时机的存在，也就是需要一些时间让它自然成熟。假如过于急躁而不愿等待，经常会遭到破坏性的阻碍。因此，无论如何，我们都要有耐心，压抑那股焦急不安的情绪，才不愧是一名智者。

总之，行动是治愈恐惧的良药，而犹豫、拖延将不断滋养恐惧行动的心理。信仰的实现靠的是行动，而不是没有价值的拖延。

我可能真的不行

我们都知道，自信是对自己的高度肯定，是成功的基石，是一种发自内心的强烈信念。相反，如果一个人总是自我怀疑，认为自己这不行那不行，那么，久而久之，他便真的不行了。事实上，自我怀疑也是导致人们拖延行为产生的一个重要原因。

在拖延者的心中，经常会有这样一些声音："这件事我肯定做不了。""我不想被嘲笑。""太难了，我无力应对。"这些负面的评价会让人们懈怠手头上的工作，因为在他们的潜意识中，要想最大限度地逃避失败的打击，就只有拖延时间。其实，我们不难想象，任何一个经常自我怀疑的人都不可能取得工作上的成就，因为他们总是在自我设限，他们认为自己在规定时间内做不到，他们不敢挑战更大的目标，更不敢参与激烈竞争，对于别人的成功，他们也只能自怨自艾，一旦出现挫折，他们很难走出来。相反，一个人一旦有了自信，就会积极向上，会比别人更有执行力，更有耐挫力，当他们遇到问题时，也更有勇气面对，而正是这种力量指引着他们不断走向成功。可见，破除拖延习惯的关键一步，就是破除自我怀疑。

那么，我们该如何破除自我怀疑呢？

1. 正确认识自己，接纳自己

一个人要对自己的品质、性格、才智等各方面有一个明确的了解，方有可能在生活和工作中获得较为满意的结果。除此之外，不要讨厌自己。一个人不要看不到自己的价值，而只看到自己的不足，认为自己什么都不如别人，处处低人一等。

2. 学会正确与人比较

拿自己的短处跟别人的长处比，只能越比越泄气，越比越自卑，一些人因为学历不如人、能力不如人便产生“无用心理”就是这个原因造成的。

3. 鼓励自己，给自己打气

也许现在你正在做一件难度很大的事，要承受来自各方面的压力，你可能怀疑自己，也想过放弃，但你必须坚持下去。在给自己制订计划的过程中，你要给自己打气，最终，你会看到成果。

4. 根除那些消极的习惯用语

这些消极的习惯用语一般有：

“我好无助！”

“该怎么办？”

“我真累坏了！”

相反，我们可以这样说来激励自己：

“忙了一天，现在心情真轻松！”

“上帝，考验我吧！”

“我就不信我战胜不了你！”

5. 敢于挑战高难度，相信自己的潜力

一个自信的人，常看到事情的光明面，他们到哪里都会显得光彩夺目。因此，即使现在的你依然只是一名普通的员工，但你要相信自己，拥有信念，你才能勇于接受更大更高难度的挑战，无论你做什么，相信都能有优秀的表现，都能挖掘出你此前意识不到的潜力。

一位音乐系的学生走进练习室。在钢琴上，摆着一份全新的乐谱。

“超高难度……”他翻看乐谱，喃喃自语，感觉自己对弹奏钢琴的信心似乎跌到谷底。已经三个月了！自从跟了这位新的指导教授之后，不知道为什么教授要以这种方式整人。勉强打起精神，他开始用自己的十指备战、备战、备战……琴音盖住了教室外面教授走来的脚步声。

指导教授是个极其有名的音乐大师。授课的第一天，他给自己的新学生一份乐谱。“试试看吧！”他说。乐谱的难度颇高，学生弹得生涩僵滞、错误百出。“还不成熟，回去好好练习。”教授在下课时，如此叮嘱学生。

学生练习了一个星期，第二周上课时正准备让教授验收，没想到教授又给他一份难度更高的乐谱，“试试看吧！”上星期的课教授也没提。学生再次挣扎于更高难度的技巧。

第三周，更难的乐谱又出现了。同样的情形持续着，学生每次在课堂上都被一份新的乐谱困扰，然后把它带回去练习，接着再回到课堂上，重新面临两倍难度的乐谱，却怎么样都追不上进度，一点也没有因为上周练习而有驾轻就熟的感觉，学生感到越来越不安、越来越沮丧。教授走进练习室。学生再也忍不住了，他必须向钢琴大师提出这三个月来何以不断折磨自己的质疑。

教授没开口，他抽出最早的那份乐谱，交给了学生，“弹奏吧！”他用坚定的目光望着学生。

不可思议的事情发生了，连学生自己都惊讶万分，他居然可以将这首曲子弹奏得如此美妙、如此精湛！教授又让学生试了第二堂课的乐谱，学生依然呈现出超高水准的表现……演奏结束后，学生怔怔地看着教授，说不出话来。

“如果，我任由你表现最擅长的部分，可能你还在练习最早的那份乐谱，就不会有现在这样的程度……”钢琴教授缓缓地说。

从这个故事中，我们发现，我们原以为自己只能在自己熟悉的领域表现自己的能力并驾轻就熟，而事实上，如果我们自信一点，并能将那些压力转化为动力，那么，我们便能挖掘出无限的潜力，甚至可以超水平发挥。

的确，人的潜力是无穷的，如果你对自己有足够的信心，就会发现自己原来拥有这样的潜力，原来自己可以做到这么多事情，如果你想有个辉煌的人生，那就把自己扮演成你心里所想的那个人，让一个积极向上的自我意象时时伴随着自己。

虽然我们不得不承认，我们与他人在很多方面的差距是与生俱来的，比如长相、身材、家境等，但是通过后天的努力，我们依然可以改变很多，比如个人能力、阅历。生活中，一些人面对与他人的差距，会怨天尤人，但抱怨并不能改变这种差距。而你要想缩小这种差距，甚至超越他人，就必须挖掘自己内心的力量——自信。设定并把握正确的人生目标，运用这些能量向着我们所设定的目标努力，并采取一些具体的行为。而也只有这样，你才能达到一种心理平衡。但这不仅仅是一种心理平衡，在富有耐心而坚毅的努力过程中，我们会比别人更珍惜时间、更有执行力，久而久之，你将逐渐显示自己的优势，超过别人，超过那些我们以前自认为不如他（她）的那些人。

因此，我们不必再因自我怀疑而拖延工作、止步不前了，拥有你一定能做到的信念，立即执行吧，相信你一定能看到努力做事的成果。

现在这样就挺好的

我们都知道，很多机器的运行都需要动力的推动作用，比如，火箭升空、汽车行驶等，我们日常的工作和生活也是如此。不知你是否曾思考过这样的问题：我为什么要工作？为什么要干事业？大部分人的回答是养家糊口、供养家庭，也有一些人提出了更高层面的意义：实现自身价值。很明显，这都是我们工作的动力。

那么，一个人如果缺乏动力呢？不难想象，这是一个不思进取的人的状态。他来上班就是为了坐等下班，为了每月的薪水，工作中上级交代的任务会一再拖延，因为在他看来，今天完成和明天完成没有分别。当你问他有什么梦想和目标时，他的回答是："目标和理想能当饭吃吗？"这是一种多么糟糕的人生和工作态度。我们也不难想象，缺乏工作动力的人不会有大的成就。

我们也常常听到一些庸庸碌碌的人感叹命运不好，他们总习惯于把自己的艰难归咎于命运，事实上，世上真正的救世主不是别人，正是你自己。你完全可以摆脱消极的想法，成为一个积极向上的人，在工作中培养自己的热忱，找到自己的目标。在一家外企做人力资源主管的黎肖玮的一次经历，或许可以给我们一些启示：

黎肖玮刚来这家外企供职的时候，曾接受过一次别开生面的强化训练。

那是在青岛的海滨度假村，黎肖玮和同伴沉浸在舒缓的轻音乐里，指导老师发给每人一张16开的白纸和一支圆珠笔。这时，主训师已在一面书写板上画了一个大大的心形图案，并在图案里面写上了三个字：我无法……

然后，要求每个学员在自己画好的心形图案里至少写三句话，分别是"我无法做到的……我无法实现的……我无法完成的……"，再反复大声地读给自己、读给周围的伙伴听。

黎肖玮很快写出三条：

我无法孝敬年迈的父母！

我无法实现梦寐以求的人生理想！

我无法兑现诸多美好愿望！

接着，黎肖玮就大声地读了起来，越读越无奈，越读越悲哀，越读越迷茫……在已变得有些苍凉的音乐里，他竟备感压抑和委屈，泪眼模糊起来。

就在这时，主训师却把写字板上的"我无法"改成了"我不要"，并要求每位学员把自己原来所有的"我无法"三个字划掉，全改成"我不要"，继续读。

于是，黎肖玮又接着反复地读下去：

我不要孝敬年迈的父母！

我不要实现梦寐以求的人生理想！

我不要兑现诸多美好愿望！

结果，越读越别扭，越读越不对劲儿，越读越感到自责和警醒……

在轰然响起的《命运交响曲》里，黎肖玮终于觉悟：我原来所谓的许多“我无法……”其实是自己“不要”啊！

而此时，主训师又把“我不要”改成了“我一定要”，同样要求每位学员把各自的所有“我不要”三个字划掉，全改成“我一定要”，继续读。

我一定要孝敬年迈的父母！

我一定要实现梦寐以求的人生理想！

我一定要兑现诸多美好愿望！

越读越起劲儿，越读越振奋，越读越有一种顿悟后的紧迫感……在悠然响起的激荡人心的歌曲里，黎肖玮豪情满怀，忽然有一种天高路远跃跃欲试的感觉和欲望。

真正改变人生的，往往就是我们的态度。不思进取，最后也只能平庸。

英国新闻界的风云人物，伦敦《泰晤士报》的老板莱斯乐辅爵士，在刚进入《每日邮报》时，不满足于90英镑周薪的待遇。经过不懈的努力，当《每日邮报》已为他所拥有的时候，他又把收购《泰晤士报》作为自己的努力方向，最后他终于如愿以偿。

莱斯乐辅一直看不起生平无大志的人，他曾对一个服务刚满三个月的助理编辑说：“你满意你现在的职位吗？你满足你现在每周50磅的周薪金吗？”当那位职员答复觉得满意的时候，他马上把他开除，并很失望地说：“你应了解，我不希望我的手下对每周50磅的薪金就感到满足，并为此放弃自己的追求。”

那些拖延者之所以没有大的成就，部分是因为他们太容易满足而不求进取，他们参加工作只是争取获得足够解决温饱的薪金。据社会学专家预测，未来的社会将变成一个复杂的、充满不确定性的高风险社会，如果人类自由行动的能力总在不断增强，那么不确定性也会不断增大。你应该意识到，各种变化已经在你身边悄然出现，而如果你不积极行动起来，缺乏竞争意识、忧患意识，安于现状、不思进取，如果你还没被惊醒的话，就会被时代抛弃，被那些敢于冒险的人远远甩在后面。

第四章　最爱完美主义的拖延

完美主义与拖延之间存在着紧密的联系。通常情况下，完美主义可以分为积极完美主义和消极完美主义，积极完美主义者会想方设法让事情趋于理想状态，而消极完美主义者则会采用拖拉的方式来逃避失败。

什么导致完美主义拖延

完美主义者钟爱一些信念，在这些信念的指挥下，他们非常容易拖延。

第一，平庸被人看不起。完美主义者想要事事都出色，如果自己表现平平，那简直没法接受。他们希望自己事业发展顺利、人际关系和谐、写一手好字、能做一桌好菜……如果在日常生活中，希望自己时时刻刻都能表现出色，那么跟自己的高要求比起来，没有几件事情不是平庸的。一般的表现在他们看来非常难以容忍，因此他们总是通过拖延，让自己找到安慰。错误和失策就可以被这样掩盖了："我表现一般，因为时间不够。"他们相信只要时间足够，表现就能达到理想的要求。完美主义者在这个借口中找到了自我安慰，让自己不会小看自己。

第二，优秀的人不需要努力。完美主义者的信条是，真正出色的人，干什么事情都不用花费太多精力。再难的事情，都能轻而易举完成；任何决定都能迅速做出来；学习任何事情都该如同享受一般轻松……如果一件事情要耗费太多时间和精力，就会让他感到自卑。如果他是一个理科生，他会说："要是我不能迅速把这道题解出来，我就觉得自己太笨了。我那么聪明，而且那些概念和公式都在我的脑子里，如果无法很快把这道题做出来，我会很难过，我真不想坐在书桌前了，还是去玩玩电子游戏好了。”

当面对无法一下子就完成的任务时，他们就会停止努力。如果有件事情让他们必须付出艰辛的努力，他们就会对自己感到失望，想用拖延的办法逃避努力。他们坚信优秀的人不需要努力，他们渴望聪明，反而变得无知。

第三，任何事情都要独立完成。他们认为求助就等于软弱，什么事情都要靠自己的力量来完成。他们不会承认自己不知道答案，更不会依据情况做出选择，他们不明白一个人不可能什么都做得了，更不懂得合作的乐趣。他们宁可孤独地奋斗，也不愿意求人帮忙。总之，他们认为不求助是光荣，一个人独立完成是骄傲。在可耻的软弱的威逼之下，他们的负担越来越重，最后只能用拖延的办法让自己喘口气。每件事都独自完成的信条，将他们一步步逼到了拖延的绝路上。

第四，找到一个正确办法解决问题是我的责任。完美主义者非常确信，每个问题都有一个正确的解决方法，他们肩负着找到这个方法的责任。他们在找到正确的方法之前，不想承担责任，更不会行动。为了避免做出错误的决定，他们干脆什么也不做。他们害怕错误的决定会让他人看扁了自己，更无法忍受自己的懊悔和自责。

他们仿佛把自己看成是无所不知的，他们天真地以为自己什么都能看透。很多人都幻想着自己能知道所有的事情，能像诸葛亮那样神机妙算。可我们还是要面对现实，我们不是什么都知道，也不是什么都能做到。

第五，无法忍受输给别人。很多完美主义的拖延者给人的印象就是不喜欢竞争，从不争强好胜。他们并非真的讨厌竞争，而是害怕在竞争中失败。因此在需要竞争的工作中，他总是拖延，这样一来，他就可以通过讨厌竞争来掩盖事实了。

完美主义者知道，有竞争，就有可能失败，可他们却不能接受失败，因为那意味着他们太没用了。他们没有对竞争全力以赴，因为他们已经感觉到可能会失败。他们的内心始终认为，要是自己努力，就能赢。就像一个论文没有通过的外国学生说："因为我用的不是母语，不是我不会写论文。"

第六，不是全部，就是没有。在拖延者的世界里，只有这两种情况。不是全都做到了，那就是一事无成。他们似乎感觉不到自己离目标越来越近。哪怕已经完成了99%，只要还没有完成，对他们来说就是零。

完美主义者会这样说："不是黄金就是垃圾。"从这句话我们理解，为什么在到达终点之前，他们会因为失望而放弃任何努力。因为在他们看来，没到达终点，就等于一步也没有前进。

在这种观念之下，我们也能理解为什么完美主义者的目标总是那么高，因为他们想一下把所有事情都做好，如果不是全部，他们就觉得什么也没有。

约瑟夫想要去健身中心锻炼身体，他的目标是每天都去。其实，去年他就在一家健身中心办了会员卡，可是他一次也没有去过。人们费了一番口舌才让他相信每天都去健身是不现实的，他才把目标改为每周去三次。在他做出决定的那一周，他去了两次。为此，他难过极了，他觉得自己还是没有做到。

约瑟夫看不到自己一周去两次，已经比去年进步了一大截，还是认为自己什么也没有做成。因此他很难过。这就是一个完美主义者自我判断的苛刻。

很多事情在“不是全部，就是没有”的态度下显得糟糕极了。没有达成设定的目标，就是没有按照计划做事；事情完成了百分之八十，而不是百分之百；等等。

如果只有完美才能讨得你的欢心，那么你注定要失望。追求完美就像是追逐地平线一样，无论你怎么拼命跑，它都在你的眼前，而你却无法到达。

从这些完美主义的信条来看，是时候抛弃它们了，唯有逃脱这个噩梦，才能脚踏实地地逐渐走出拖延的怪圈。

为什么会拖延

完美主义会导致拖延，但不是所有的完美主义者都会拖延。

心理学家对完美主义者进行了研究之后，认为可以把他们分成两类，一种是适应型的，一种是适应不良型的。

适应型完美主义者对自己要求非常高，他们很自信，认为自己能达到要求。他们一般能够实现自己的目标，仿佛优秀是天生的。适应不良型完美主义者对自己要求也非常高，可他们却不那么自信，他们的表现和对自身的要求之间有一定的差距，因此他们常常自责，更容易陷入消沉的情绪。

拖延常常发生在适应不良型完美主义者身上。因为事事都想表现得很优秀，定下的目标常常难以企及，可他们认为自己能做到。当他们发现无法实现这个要求的时候，就会变得手足无措。于是带着失望开始拖延，在现实中开始退缩。

盖瑞是个自由职业者，他替人管理和设计网站。他总是希望自己做事又快又好，可他却经常拖拖拉拉，总是在最后期限才完成工作。他对自己的评价是："我做事情，常常半途而废，要是不得不做完，我就在最后一刻应付了事，可我怎么能是完美主义者呢？"

像盖瑞一样，很多适应不良型完美主义者毫不自知。他们只看到自己平时表现欠佳，而不知道自己的内心一直都有一个高标准，而且在高标准和差表现的差距中，变得开始拖延。

心理学家戴维·伯恩斯指出，那些取得很高成就的人并不是完美主义者。那些异常成功的大商人、得过诺贝尔奖的科学家、拿了世界冠军的运动员，都知道自己有时候会失误，因此就算经受了挫折，他们最多也就是难过一两天。经过短暂的调整之后，他们还会为了远大的目标而奋斗。他们能够正视自己的挫折和失误。失望是短暂的，他们相信自己还能继续前进。

拖延者往往是那些适应不良型的完美主义者。他们给自己制定的目标太高，超过了现实。比如：一个多年没有锻炼过身体的人，想要花一个月的时间重塑自己的体形；一个从来没有接触过日语的人，想在一个月之内就学好日语；一个刚入职的销售员，想要每个电话都能促成一单生意；一个刚刚开始写作的人，希望第一部手稿就是畅销书……这些不切实际的目标，很快就成了他们坚持下去的阻力，因为他们发现自己根本做不到。

我们为自己确立目标，为的是激励自己前进，而不是为了阻碍自己。要克服这种拖延非常容易，只要针对两点做出调整就能见效。

第一，制定一个切合实际、现实可行的目标。如果你是一个适应不良型的完美主义者，那么，在制定目标的时候，你需要问自己，到底是为了让自己前进，还是为了让自己沮丧和失望？虽然不是高标准造成了你的拖延，但如果你的表现跟高标准差距太大，你就会在这个巨大的差距下变得拖延，也是由于这个原因，你成了一个适应不良型的完美主义者。

第二，衡量自己的表现不能过于苛刻。适应不良型完美主义者常常对自己的评价过低，因为他们非常容易把表现和自我价值等同，这二者并不是完全相等的关系。适应不良型完美主义者被自己的高标准和严苛的评价给绑架了，他们没有在完美主义的道路上成功，而是在完美主义的道路上陷入了失望和痛苦，他们没有走上前进的道路，而是为拖延开了道。

“被完美”的小孩

完美主义是一种较为典型的性格特征，通常会给人留下十分深刻的印象。完美主义根植于完美主义情结，那么这种情结又是怎么产生的呢？形成这种性格特点的原因既有先天因素，又有后天因素，在后天因素中家庭环境对人的影响最大。

研究表明，如果在一个家庭中，父母是完美主义者，子女成为完美主义者的可能性就会很大，从这个层面上来看，“被完美”的小孩都有可能成为完美的牺牲品。其中四种教养方式是子女形成完美主义人格的诱因：一是要求过于严格，经常粗暴地指责子女；二是期望与标准极高，常常间接指责子女；三是对子女缺乏认同，只有子女达到自己的标准才能给予认可、爱和关怀；四是以完美主义的做事风格为子女树立榜样。

在这样家庭环境中长大的孩子由于经常受到批评、指责、拒绝、威胁、强迫。就会变得缺乏安全感，逆反心理严重，对自己和他人都会有攻击性行为，即使他们对严厉的要求感到反感，有时还会产生抵触情绪，但是在成长过程中早已把高标准的要求内化，形成了自我捆绑的心理模式，会自发地强迫自己向完美靠拢，如果发现达到完美的标准有诸多困难，就会用拖延时间的方式来延缓压力和痛苦。

珍妮的母亲是个控制欲很强的人，她事事追求完美，一心想培养出最优秀的孩子。珍妮很小的时候就被强迫去做各种课外练习，母亲时时督促她学习，只要做错一道题就会受到严厉斥责，在发怒的母亲面前她就像无助的小动物一样瑟瑟发抖。珍妮小时候长得很瘦小，声音也是低低的，没有直接反抗的勇气，拖延就成了她对抗母亲唯一的方式。无论母亲让她做什么，她都故意拖着不做，即使被迫要去做什么事也总是拖到最后。

珍妮对母亲没有一点亲近感，每次见到母亲她都感到害怕，幼小的心灵里充满了恐惧，有时她也感到愤怒，想摆脱母亲专横的控制，于是编造各种理由和母亲作对。比如放学后她故意不坐校车回家，在外面玩痛快了才让母亲来接，谎说因为学习任务太多忘记了时间。母亲不相信她，校车司机也把她看成爱撒谎、喜欢拖延时间的坏孩子。

在内心深处，珍妮对外界的控制有着本能的反感，她讨厌别人给她布置任务，更厌恶所谓的最后期限。学生时代她已经以不按时交作业为乐，目的在于摆脱控制感。工作以后她差点因为拖延症毁了自己的职业生涯，她因为迟迟没有把一个案子的材料交给法官，被判藐视法庭，律师资格证被吊销了，还被加罚了一万美金。

后来珍妮转行成了一名培训机构的行政人员，她的心里产生了更加微妙复杂的变化。她拖延工作已经不再是为了摆脱控制感那么简单了，她很想做好自己的工作，而且想要做到尽善尽美，可是她总担心达不到老板的要求，就仿佛幼年时代担心自己达不到母亲的要求一样，于是她放慢了脚步，为了把工作做得滴水不漏，使每个细节都变得完美，她耗尽了心力，可是堆积的工作却总是做不完。她不愿意承认自己已经变成了幼时刻骨痛恨的那类人——苛刻的完美主义者，可事实却给了她迎头一击。

拖延起初是珍妮反抗母亲的小把戏，她用这种不配合的方式来摆脱母亲的控制感，消极抵抗的方式是幼小无助的珍妮在“强迫关系”中所能采用的最直接的策略。长大后她对所有的“强迫关系”和最后期限的要求都表现得分外抗拒，但这不是她拖延工作的唯一动机，无论她是否愿意承认，自己已然变成了地地道道的完美主义者。在母亲的影响下她形成了完美主义的人格，苛求自己把工作做得绝对完美，因此向完美主义的深渊更进了一步。我们知道人的早年经历，尤其是童年经历会对我们的人格塑造以及人生观、价值观的形成产生十分深远的影响，被完美主义者抚养长大的孩子很容易成为人格障碍的高危人群。如果我们不幸被完美主义绑架，成了严重的拖延者，必须摆脱童年的阴影，才能解放自己的灵魂，那么具体要怎么做呢？

1. 直面童年心理阴影，重新定位自己

如果你有一个破碎的童年，在回首往事的时候，难免会给自己贴上受害者的标签，把自己描述成一个不被认可、不被关爱的可怜孩子，于是产生自怜自伤的情绪，这种想法会让你永远活在童年的阴影之下。但是，逃避或者扮演受害者的角色，都不能让你真正解脱，只有直面童年时代的痛苦，你才有机会消化这种痛苦，从而让心头的阴影飘然散去。

摆脱童年阴影，需要你穿越时空和童年的自己交谈，然后重新定位自己。想象一下童年时代的场景，还原其中的每一个细节，身临其境地安慰那个受了委屈的孩子，对他（她）说一切的伤痛已经成为过去，现在自己已经成了命运的主人，而不再是个可怜的受害者，告诉自己擦干眼泪、鼓足勇气重新生活，路就在脚下。

2. 要认识到指责不能改变任何事情

指责虽然可以使你发泄愤怒和不满，让你暂时获得某种道义上的力量，可是并不能改变任何事情。指责的一方似乎代表着正义，可以理直气壮地让别人为自己的行为埋单，比如完美主义拖延者在工作失误后，把一切的原因归咎在父母身上，认定是父母错误的抚养方式毁掉了自己的一生，而作为受害者，他们无须为自己的行为承担任何责任。这样做没有任何意义，因为就算父母要为自己扭曲的人格担负大部分责任，可是木已成舟，怨恨父母并不能改变什么。

父母不是完人，他们会犯错误，可能无意中给你带来了各种直接或间接的伤害，怨恨和指责不能抚平心灵的创口，原谅和理解才是治愈一切伤痛的良药。已经长大成人的你不再是那个无助又无辜的孩子，跳出那个角色吧，原谅父母，也原谅那个不完美的自己，承担起一个成年人应该承担的责任，努力让自己变成一个更美好的人吧。

3. 接受发生在自己身上的事情，放下心灵的包袱

时光不可能倒流，事件也不可能发生逆转，发生的已经发生了，无论你做什么事情都不能改写自己童年的历史。有的人之所以放不下过往，很大程度上是因为不解、不甘、不服，他们不明白为什么自己美好的童年会被践踏和毁掉，于是不停地质问命运，可惜没有人能够给出答案，这是道无解的方程式，探究下去也不可能有结果。很多事件都是随机发生的，它们不是预先排练的结果，不能反映任何人的意志，不甘不服又能如何呢？

完美主义拖延者总是不能接受自己残破的童年，认为自己

的童年本该是另一番样子，自己应该得到父母无条件的关爱，像其他幸运的孩子那样被视作掌上明珠，在和谐健康的家庭里快乐地长大。可是愿望毕竟只是愿望，人生不是可以随时修改的剧本，你也不可能像电影《蝴蝶效应》里的主角那样有能力回到过去不停地修改自己的命运。接受事实吧，无论它是什么样子，接受过去，你才能放弃无谓的挣扎，继续向前看。每个人都要经历成长之痛，人皆有消化痛苦的能力，就像海洋有自我净化的能力一样，尝试着接受曾经的自己以及现在的自己，放开所有的烦恼，就像放开手中沙，风会带走一切尘埃，而你将以崭新的面貌走向明天。

不完美也很美

俄国作家车尔尼雪夫斯基说："既然太阳也有黑点，人世间的事情就不可能没有缺陷。"霍金也说，不完美是宇宙间的基本定律。那么，人类为什么要执着地追求完美呢？真实的世界，缺憾无处不在，阳光普照大地，必然有阴影的存在，我们不可能完全消灭瑕疵，万事万物都有它存在的合理性。

完美主义者追求没有缺憾的完满人生，岂不知连童话故事都没有忽略各种不完美的因素。辛德瑞拉在华丽变身之前，只是一个孤苦无依的灰姑娘，靠着魔法的帮助才有了南瓜马车和水晶鞋。完美的故事是无比乏味的，人生也是如此，如果你的成长经历没有任何曲折，那么你不可能在失去中学会珍惜，也不可能明白生命中的点滴幸福都是一种恩赐。

作家史铁生说："我常以为是丑女造就了美人，我常以为是愚氓举出了智者，我常以为是懦夫衬照了英雄，我常以为是众生度化了佛祖。"是瑕疵造就了永恒的完美，它使世间万物，包括我们人类呈现出了万千百态的差别，让美好的事物大放异彩，所以可以毫不夸张地说，不完美的世界比完美本身更为合理，因为残缺其实也是一种美。

有这样一则故事：有个人偶然拾到了一颗硕大的珍珠，它光彩夺目、剔透美丽，可惜上面有个小小的瑕疵，他觉得非常遗憾，于是就想如果能把这个瑕疵去掉就好了，这样珍珠就变得完美无瑕了。他开始用工具刮磨珍珠表面，刮掉了一层珠粉，瑕疵还在，他狠狠心又刮去了一层，瑕疵还是没有被刮掉。他不甘心，刮去了一层又一层，终于把瑕疵除去了，而珍珠也不复存在了。这个人由于伤心过度卧病不起，弥留之际懊悔地对家人说："如果不介意上面的那个小小的瑕疵，我现在手里还有一颗又大又美丽的珍珠啊！"

其实每个人手里都攥着一颗美丽硕大的珍珠，只是我们对上面的瑕疵太过计较，以致遗失了它。事实上，只有在不完美中我们才能找准自己的人生定位，我们常常把时间浪费在去除珍珠瑕疵上，却忽略了缺憾本身的价值。当我们幻想着把手中的工作打磨成巧夺天工的艺术品时，就已经陷入了完美主义的误区。我们在珍珠的瑕疵上耽搁了多少时间，错过了多少机遇，又延误了多少工作？其实瑕疵本是珍珠的一部分，如果能够善加利用，它也能为我们的人生添加亮色。

有一个孩子，在读中学时，父母希望他能成为一个文学家，于是开始为他铺设文学的道路。他用功地学习写作，一个学期之后，老师为他写下了这样的评语：该生学习用功，但过分拘泥、刻板，这样的人即使有着无可指摘的完美品德，也不可能在文学上有任何造诣。父母知道孩子不是当大文豪的料，就让他改学油画，可是他根本没有绘画才能，构图能力差，对色彩也没有强烈的感知能力，对艺术简直一窍不通，他的成绩在班级排在最末，学校给出的评语更为尖酸刻薄：该生在绘画艺术方面不可造就。被评为不可雕的朽木之后，很多老师都认为他不可能成才，不愿再培养他。

后来一位化学老师对他做出了另一番评价，化学老师认为对其他行业来说，拘泥和死板无疑是很大的缺点，可是在化学领域，需要的正是这种一丝不苟的精神，所以建议他学习化学，父母同意了老师的建议。他好像立刻找到了属于自己的舞台，化学成绩在班级一直名列前茅，后来凭借着在科学界做出的杰出贡献他还荣获了诺贝尔化学奖。这个有传奇成长经历的孩子就是大名鼎鼎的化学家奥托·瓦拉赫。

在文学和艺术领域不可造就的奥托·瓦拉赫，后来成了前程远大的化学天才，他还是原来的他，只是对待自己的看法改变了。这说明以宽容的心态看待不完美，可以使我们走得更远。缺憾和不完美是生命的常态，有人甚至说，身体上的不完美成就了霍金，我们先不要理会这种观点是否偏颇，总之不完美没有束缚他的智慧，我们为什么要因为自身的不完美而抱憾呢？那么，我们应该怎样才能做到完全接纳自己的不完美呢？

1. 不要以非黑即白的眼光看待问题

完美主义者看待问题比较极端，总是用非黑即白的眼光观察世界，看不到过渡的中间地带。所以只要稍有一点偏离他们设定的绝对标准，他们就会采取全盘否定的态度。比如完美主义者要求地板绝对干净，脑海里没有比较干净和有点干净的梯度，只要没有达到一尘不染的标准就是绝对肮脏。对待工作也是一样，只有绝对的好和绝对的坏，存在一点偏差哪怕是合理范围内的误差，即使上司和老板不计较，他们也感到难以忍受。为了让误差降到零，他们坚持慢工出细活，当然拖延就成了家常便饭。

完美主义者要克服完美主义情结，必须放下非黑即白的执念，看到事物的灰色过渡地带，允许自己不在两极化方向游走，能平静地接受自己有可能在工作中失误的事实，不再惧怕暴露自身的瑕疵，以一种更为轻松的状态融入工作。

2. 运用自我同情的方式接纳自己

如果你有一个好友，并不是一个十全十美的人，他没有出众的外貌，也没有显赫的社会地位，工作能力也不突出，为此他感到很伤心很沮丧，你会对他说些什么呢？难道会说你不是精英，方方面面都不完美，应该感到羞愧吗？当然不会，你可能会对他说，没有关系，你不需要出类拔萃、处处高人一等，事实上你有很多可爱之处。那么就把这个好友换成你自己吧，学会同情正经历挫败的自己，以友善的态度与自己和平共处，从内心深处接纳自己。

3. 学会激励自己，而非谴责自己

绝大多数的人都喜欢在成功的时候犒赏自己，在失败的时候谴责自己。很多拖延者一边愤怒地辱骂着自己，一边拖延着，这样做对改善自己的拖延行为毫无益处。有的人还会把拖延症看成自身的一种重大瑕疵，并为此深感不安，还有的人将其上升为道德问题，认为拖延工作使自己的个人品格变得不完美，由此更加内疚和自责。

谴责在一定程度上能释放身体的负能量，但也会带来压力和自毁情绪。事实上，自我谴责不能使我们变得更完美，它只会使我们无法振作，让我们没有精力去招架由拖延带来的各种麻烦和问题。如果我们对自己采取与之相反的态度，学会激励自己和爱护自己，反而有助于我们弥补自己在工作中存在的种种不足，成为更优秀的自己。

完成才是最重要的

我们经常可以看到一些天赋极高的人，总是雄心万丈地宣布要执行一个新计划，然而却鲜少能完成这个计划，原因便在于他们因为自己达不到完美的标准，而感到厌烦、灰心、沮丧，于是选择默默放弃。因此他们留下了很多令人遗憾的半成品，我们无法想象如果他们能顺利完工将取得多么了不起的成就。

“完成胜过完美”是一句很好的格言，完成是完美的先决条件，没有完成何谈完美？为了追求完美而半途而废，或者在截止期限奉上半成品的人，把两者的关系本末倒置了，这就好比你要建造一座大楼，目的在于建成一栋可以投入使用的标准建筑，倘若你过分拘泥于细节，试图完美地装饰尚未完工的楼宇，导致在交工期限到来时大楼还不能正常入住，这不是舍本逐末吗？

完美主义拖延者事事追求完美，不做好周全的计划，决不肯迈出一步，即使有了全备的计划，又因为担心自己达不到预期的标准，而以没准备好为由拖延工作，手里积压了很多待处理的工作，就是迟迟不愿行动，结果便是一事无成。

雪莉在夏初时想学游泳，由于对游泳一无所知，她在网络上查找了大量相关信息，通过论坛的帖子总算明白了如何为自己挑选合适的游泳装备，然后她一连几天都在淘宝上浏览游泳装备的商品信息，终于买全了泳衣、泳镜、救生圈等装备。随后她观看了一些有关游泳教学的视频，自己尝试着模仿游泳的姿势。

为了到合适的训练班学习专业的游泳技能，她跑遍了自己附近的游泳馆了解情况，反复权衡比较各个游泳馆的规模、课程、教学水平及基础设施。等到她完全准备充分了，可以正式学习游泳时，夏天已经过去了，秋初时节游泳池的水温太凉，已经不适合游泳了。雪莉用了一整个夏天为游泳积极做准备，却不曾下过一次水，那些游泳装备不曾派上过用场，直接被锁进了衣柜，而她本人仍旧不会游泳。

有句话是“要学会游泳，就必须下水。”为什么雪莉如此迫切地想学游泳，却迟迟不肯下水呢？这是她内心的完美主义情结导致的，由于过度追求完美，她一再拖延了学习游泳的计划。这个故事告诉我们，行动与完成比完美更重要。不停地完善计划却永远也无法完成的人应该引以为戒。Facebook 的一位设计师说，接近成功的关键就是要坚持完成你的计划。是的，没有起点就没有终点，没有过程也不可能有结果，完成是把计划转化成现实的关键，而完美不过是一种情愫，没有完成的东西本身就不能称之为完美，为了追求完美而将计划束之高阁，或者导致计划不能如期完成是非常不明智的，如果完成与完美就像鱼与熊掌一样不可兼得，那么你首先应该学会割舍完美。

有一位年轻人在计算机方面有专长，被公司选派参加由全国某计算机协会举办的“希望之星”活动。年轻人得知自己被公司选中后，感到非常荣耀。还有 6 天就要参加活动面试了，他为了让自己表现得更出色一些，拟定了为期一周的准备计划。

头两天他利用业余时间搜集了长达数百页的资料，又花了一个晚上的时间将资料分类整理好并打印了出来。第四天晚上他参加了公司临时安排的会议，没有挤出时间来翻看备考资料。第五天晚上，他跟女朋友约会去了，享受了一番花前月下的浪漫，备好的计划又被延迟了一天。第六天晚上，就是面试前的最后一天了，他终于腾出时间来好好备考了，可是看到桌子上足有几百页厚的资料，他吓得呆住了，这么多的资料怎么可能一晚上看完？

这个年轻人在面试前夕废寝忘食地备战，花了一晚上的时间也只看完了三分之二的资料内容，因为缺乏睡眠，他精神状态看起来非常糟糕。经朋友提醒他才想起为作自我介绍做准备，第二天早上他匆匆写了一篇草稿，面试时他发挥失常，回答得语无伦次，最后落选了。

有的人在接受一份新的工作任务或者得到一个展现自我的机会时，感到无比兴奋，希望自己有一鸣惊人的表现，每天都在为达到完美的效果而思考和计划着，时间就这样一天天流逝了，拖到临近最后期限才慌忙动手去做，结果完美的方案却不能被完美地实施，甚至连按时完成都难以保证，这就是极端的完美主义导致的后果。那么我们应该怎样克服完美主义情结，保证任务的顺利完成呢？

1. 采取先完成再完美的做事步骤

把完成当成做事的首要目标，有效利用时间，务必保证工作任务的完成，利用剩余时间检查工作疏漏、修正不完美之处。整个过程就好比完成一篇稿子，首要任务是一气呵成，保证按时把稿子写完；其次才是精雕细琢，修改部分不当的遣词造句。如果把顺序颠倒过来，没完没了地纠结于细枝末节，反反复复修改，根本无法保证稿件的完成，没有写完的稿子根本算不上文章，更谈不上发表了。工作也是一样，没有完工的工作，就等于没有成果，那么你所付出的一切努力都是没有价值的。而先完成再完美的做事风格将会使你获得一个相对满意的结果。

2. 不要过于钻牛角尖，停止纠结细节

有的人在接手一个大项目后，因为经常纠结于细节，导致项目延期，给个人信誉和公司带来了双重损失，这是多么不值得啊。有些细节是无关紧要的，它们对目标的达成并不会产生太大影响，为了细节上的完美而拖延项目的进度是不可取的，你必须学会站在全局的角度来考虑问题，舍弃不重要的细节，保证整体利益。

3. 预估完成时间，合理分配工作任务

在执行任务的过程中，总会发生一些无法预估的突发事件，面对这种情况，你要有万全的准备，把不可控因素包含在自己的计划之中，重新评估完成工作的时间。创建一份待办事项清单，预计完成时间，把所有事项所需时间累积相加，再加上处理意外事件所要花费的时间，合理分配工作任务，确保工作如期完成。处理突发事件的时间需要根据以往的经验而定，如果所花费的时间过长，就必须在一定程度上舍弃对完美的追求，因为时间不允许你纠结于完美。

第五章　离开拖延症，从抗击惰性开始

增强紧迫感是戒掉拖延的前提，拖延与懒惰如影随形，拖延的背后是人的惰性在作怪。要战胜拖延就得先从思维上克服惰性。如果惰性一直存在，那么人始终会处于一种空想状态，做什么事情都会觉得“懒得动”。抵抗拖延，就得先从抗击思维惰性开始。

大脑里的“懒小人”

拖延并不直接等同于懒惰，但是懒惰是拖延不可忽视的一个重要诱因。通常懒惰的人都有一个共同特征，那便是办事拖沓。你是如何养成懒惰习惯的？梦想搁浅了吗？曾经的激情也退潮了吗？不知道从什么时候开始，人们莫名其妙地陷入一种“懒惰”的心理旋涡，明明知道自己很懒，却无法改善，任由其慢慢地发展为“懒癌”。吃饭点外卖，买东西全靠逛淘宝，懒细胞渐渐扩散到全身，能不出门就不出门，能坐着绝不站着，能躺着绝不坐着。懒惰的表现形式多种多样，诸如极端的懒散状态，轻微的犹豫不决。

在现实生活中，不少人天生懒惰，喜欢逃避工作，即便内心有宏大的目标，也缺乏执行的勇气。在西方，懒惰是七宗罪之一，懒惰的人通常怯懦，无责任心。懒惰在人们身上通常表现为：不能愉快地同亲人或他人交谈，尽管你很希望这样做；不能从事自己喜爱做的事，不爱运动，心情也总是不愉快；整天苦思冥想而对周围漠不关心；由于焦虑而不能入睡，睡眠不好；日常生活及其起居极无秩序，无要求，不讲卫生，常常迟到，不能专心听别人讲话；不知道生活的目的，不能主动地思考问题；没有时间观念，事情总是想着明天做；明明没做什么事情却老是觉得身心疲惫，打不起精神。

徐艳下班后喜欢懒洋洋地躺在床上玩手机，衣服不洗、地板不拖、用过的餐具也不刷，零食的包装袋堆满了垃圾桶她也懒得倒。本来计划多读几本有内涵的好书，每次看到书籍的封面时就放弃了，心想读书是多么累人的事，还是等到自己有兴致时再去翻看吧。

在工作上，徐艳依旧是难以用意志支撑起自己的一副懒骨，为自己找了各种借口来拖延工作，比如天气不好、心情不好、晚上没睡好等等，总之她有一千个理由放慢自己的脚步，二十多岁就像一个退休老人一样做什么事都慢腾腾的，没有一点激情和活力。

懒人经常为自己的懒惰行为找各种借口，想睡懒觉就称自己要闭目养神、养精蓄锐，想要逃避工作就说暂时放松一下神经能使之后的效率更高，养成拖延的恶习之后仍不忘为自己辩护，列举的理由千奇百怪。懒人大都有不劳而获的心理，总想把辛苦的工作排除在自己的生命之外，在拖延中浪费了大量的时间。

李碧华曾经创作过一个名为《懒鱼馋灯》的故事，讲述的是黄安的妻子银婴本是一条美丽的银鱼幻化的，她长得白皙水嫩、体态婀娜多姿，为报不啖之恩，嫁给了黄安。黄安对于这个如花似玉的娇妻非常迷恋，银婴享尽了宠爱，开始养尊处优起来。

银婴太懒惰了，除了吃和睡，几乎什么也不做，脂肪越积越厚，人越来越胖，黄安渐渐地感到忍无可忍，只是暂时没有发作。银婴贪睡，有时竟能睁眼入梦。婆婆对她的好吃懒做也开始有了微词：“门不开，店不守，油瓶倒了也不扶！”看着别人家的媳妇勤于料理家务，晚上还挑灯纺织，自家的儿媳却像个蛀虫，早晚会把家里吃空，就怂恿儿子休妻。

银婴一点也没察觉这对母子抛弃自己的计划，依旧我行我素，过着慵懒舒适的生活。有一天，黄安把她引到水边，说她毫无用处，让她回归江海，银婴淌下了眼泪，黄安仍没有心软，将她推入水中。过了几天有人给黄安送来鱼料，是一尾体态丰腴的胖鱼，告诉他这鱼反应迟钝，泳术荒疏，很容易就被擒获了。

黄安认出了这尾懒得逃生的肥鱼，便是满身脂肪的银婴，觉得它并非全无用处，于是将其脂膏刮下来，提炼出灯油用来燃灯。这盏灯甚为怪异，每当家中高朋满座，各种美食摆上餐桌时，灯馋了，光焰就分外明亮。每当丈夫和婆婆劳作时，灯就懒洋洋地不愿照明，光线昏暗不明。即使化成了灯油，银婴还是本性不改，想要永生永世懒下去。

懒惰是包括人类在内的一切动物的天性，在漫长的进化史中，人和动物之所以勤奋大都是为了生存。进入文明社会以后，人类有了更多的追求，但是懒惰的天性仍然保留了下来，懒惰的直接表现形式是拖延或拒绝做苦差事、好逸恶劳，这会左右人的生活和工作状态。

那么，懒惰的根源在于什么呢？

1. 惧怕失败

许多人通过自己的方式来推迟对目标的追求，比如找一份更好的工作。但是他们对自己缺乏信心，担心即便自己去尝试了，也会因能力不足而无法胜任，这样对他而言是非常难受的，所以，犹豫半天后，他觉得不去尝试是更好的。

2. 担忧成功

有些人下意识有害怕成功的心理，认为如果自己成功，会潜在地威胁到身边人。所以，为了避免冲突，他们会选择不继续努力。例如，一个习惯于站在老公背后的女人，突然升职加薪了，这让老公面子上挂不住，所以，她放弃了继续努力。

3. 过分依赖

他们渴望被照顾，过度依赖身边人。在很多事情上，他们表现得很没用，这样就会有人过来帮忙做事。比如妻子总念叨不想煮饭的老公“你就是懒”，但还是会帮忙煮饭。这样的过分依赖，会使身边那些感到被胁迫的人或同样想要被照顾的人感到厌烦。

4. 对自己期望极低

尽管别人对他期望很高，但他为自己定的标准太低。他没有制订计划的习惯，这样就会有人来为他制订计划，他可以趁机表现自己，同时避免承诺，为他制订计划的人则需要担责。这样的人容易让身边的人遭受指责，自己却免于责任。

5. 选择懒惰的沟通方式

人们在潜意识里担心冲突，担心直接表达自己的情绪会伤害与他人之间的关系，甚至造成决裂。人们为了避免冲突，往往会把自己的不满意隐藏起来，于是便选择懒惰的方式沟通，而这种懈怠的方式会令人感到厌烦。

6. 需要放松

大多数人以为自己应该全速前进，当身体和大脑停止运转以示抗议时，应惩罚自己变得“懒惰”。尽管人生需要拼搏，但事实上每个人都需要时间放松和休息。

7. 轻微抑郁

抑郁表现包括兴趣丧失，疲惫，快感缺失等。有些人以为自己是变“懒”了，但实际上他可能是抑郁了而自己没发现，因而未得到及时治疗。抑郁的人们通常会感到困。他们对于自己变懒的状态的不满可能加剧他们的抑郁。对自己的懒惰的厌恶在抑郁人群中较为普遍。

跟懒惰说再见

拒绝懒惰，努力才有可能成功。在生活中，很多人对未来有美好的愿望，但就是拒绝付出努力。那些懒惰的人实际上是在否定自己，是在任由自己的生命一点点变得虚无。懒惰作为一种习惯，浪费掉的是拯救自己的机会，荒废的是比任何东西都宝贵的生命。懒惰是理想的绊脚石，每个人的生命和时间是有限的，我们有多少光阴是因为懒惰而浪费的呢？

在现实生活中，有许多人贪图安逸而不愿意吃苦受累，结果，时间长了，他们就变得懒惰了。懒惰是生活最大的敌人，许多悲剧都是因懒惰而造成的。命运的好坏完全取决于自己，假如我们选择了勤劳，那我们一定可以通过努力得到幸福，即便只有一点点是自己创造出来的，那也是一种幸福；假如你选择了懒惰，那你将终身和不幸、厄运、灾难成为伙伴，永远是一个失败者。

美国底特律有位妇人，名叫珍妮，她原本是一位极为懒惰的妇人。后来，她的丈夫意外去世，家庭的全部负担都落在她一个人身上。她不仅要付房租，而且要抚养两个子女。在这样贫困的环境下，她被迫去为别人做家务。她白天把子女送去上学后，便利用下午时间替别人料理家务。晚上，子女们做功课，她还要做一些杂务。就这样，懒惰的习惯渐渐被克服了。

后来，她发现许多现代妇女外出工作，无暇整理家务，于是她灵机一动，花了七美元买来清洁用品并印刷传单，为所有需要服务的家庭整理琐碎家务。这项工作需要她付出很大的精力与辛劳，她把料理家务的工作变成了专一技能，后来甚至连大名鼎鼎的麦当劳快餐店也找她代劳。

现在她已经是美国90家家庭服务公司的老板，分公司遍布美国很多个州，雇用的工人多达8万人。

珍妮的成功事例告诉我们，人们的贫穷大多是由于懒惰、贪图安逸、不愿意奋斗造成的。假如一个人不愿意奋斗，自甘过着贫穷的生活，那他就永远无法摆脱困境，谁也没有办法拯救他。

有这样一句话：“世界上能登上金字塔顶的生物只有两种：一种是鹰，一种是蜗牛。不管是天资奇佳的鹰，还是资质平庸的蜗牛，能登上塔尖，极目四望，俯视万里，都离不开两个字——努力。”若是缺少了勤奋的精神，即便是天资奇佳的雄鹰也只能空振双翅；而若是有了勤奋，即便是行动十分不便的蜗牛也可以俯瞰世界。靠着自己的双手去生活，远比依赖别人要踏实得多。

认真做事，并不是件轻而易举的事情，它需要我们开动脑筋，投入时间和精力。同样是做一件事情，仅仅做完是一种潦草态度，而在做完之后还进行细致的检查则是一种认真的态度。我们在做事的过程中，要一直坚持着这种绝对认真的精神，这样的神采是最容易打动人的。

1. 良好的作息习惯

养成良好的作息习惯，早睡早起，作息规律。很多人都明白，赖床是懒惰之本。最经典的办法——定闹钟。时下有很多创意闹钟，绝对有办法“骚扰”到你起床。

2. 多运动

多运动，锻炼身体。懒人胖子多，对于胖人来说，懒与不运动绝对是“对等”关系。另外，经常的身体锻炼除了可以令人拥有健康的体魄，更能使人保持旺盛的精力，从而与懒惰说不。

3. 时间计划

懒人都有拖拉的习惯，往往抱着“明日复明日”的想法。对此，我们应制订详细的计划，将时间规定好，把事件细分化。例如，规定一个小时内或半个小时内完成某项任务，或者把一件复杂的事情分开几步完成，既能提高效率，又能很好地解决懒惰的心理。

4. 积极暗示

有一些人是因为性格内向、不自信等心理状况而形成了懒惰，从不爱、不敢与人接触交流慢慢发展成习惯性地懒得参与一些公众活动。针对这种情况，我们可以通过在房间里张贴名言警句等方式，给予自己积极的心理暗示。

5. 需要监督

懒惰的人大多是缺乏自律的，包括一些经验方法或计划，若没有持续的执行能力，还是无法改掉懒惰的毛病。对此，我们可以请自己的家人、同学、朋友、同事等帮着监督自己。

6. 换个环境

有条件的话尝试换个生活环境或打破原有的生活规律。刚上学的孩子为什么懒得上作文补习班却对上游泳班很积极，外出旅行时为什么都能做到早起？主要还是由于周围的环境发生了改变。

让你的思维积极起来

人们在买彩票的时候，都希望自己有好运降临，赢得大奖；人们在升学考试的时候，都希望自己一切顺利，考出好成绩；人们在参加职位面试的时候，都希望自己心想事成，从众多面试者中脱颖而出。可见人人都希望自己是个幸运儿，希望好运能伴随自己。

因为大家都希望能拥有好运，所以每逢节日或是生日庆典，人们就会送出或是收到来自亲朋好友的祝福，如万事如意、好运连连、事事顺心、前程似锦等等。这些祝福语从某个角度来说，都包含了运气的意思。如果没有运气，人们也很难事事顺心。

为了求得好运，有些人还将希望寄托于信仰或是某种物件。比如有些人在身上佩戴一些认为能影响运气的小饰品，如转运珠手链或四叶草项链等，希望得到幸运女神的眷顾；还有些人在家中或办公桌上摆放代表运气的摆设，如龙、马的雕塑等，希望增强自己的运势。总之，人们为交好运想尽各种办法。

大多数人认为运气这种东西既看不见，也摸不着，无法用科学进行解析，因此把它看得神秘莫测。虽然人们为求好运，不惜用多种方式，但是，没有人敢肯定某种方式确实能起到改变运气的作用。

如今，心理学家对“运气”提出了新的看法，他们认为运气并不像人们想象的那样神秘莫测，它与人的思维方式有很大关系。一个人思维方式积极乐观，他能看清形势，分析利弊，制订出完善的计划，再按照计划勇往直前，即使面对困难，也会积极想办法去克服，这样的人往往能交到好运；如果一个人的思维方式消极悲观，就会用消极的眼光看待事情，还没有遇到困难，就害怕自己陷入困难之中，这样的人做事倾向于拖延或放弃，即便有运气降临，他们也感受不到。

英国著名心理学家、有“英国大众传播心理学第一教授”称谓的理查德·怀斯曼曾经做过多项实验来解析运气是从哪儿来的。在其中一项实验中，他召集了400多个被试者来参与。被试者们被分为两组，认为自己很幸运的人为第一组，认为自己不幸的人为第二组。实验人员给所有被试者一张报纸，两组被试者拿到的报纸的内容都是一样的，版面内容都被实验人员做了变动。在报纸第二版上，有一条用较大字号印刷上去的信息：“不用再数了，一共有43张照片。”

接着，实验人员要求被试者们数出报纸上一共有多少张照片，实验人员为两组被试者记录他们数照片用的时间。结果发现，认为自己幸运的第一组被试者只用了几秒钟时间，因为他们很快就发现了报纸第二版上的信息，直接报告就可以；而认为自己不幸的那一组则花了平均两分钟的时间，因为他们认为自己不幸，所以根本没有看到第二版上那行字的信息。

为了证实实验结果的准确性，实验人员又召集新的被试者，进行了一轮新的实验。这次实验与上一次基本相同，不过，实验人员对第二版上的信息内容又做了变动，改为“别数了，告诉实验人员你看了这条信息，直接赢取250英镑”。实验结果仍然与上一次实验相同。自认为幸运的人很快看到这条信息，认为不幸的人还是没有看到。

实验结果表明思维方式积极和思维方式消极的人，行为方式有很大的不同。认为自己幸运的人，用积极的方式去思考问题，他们更擅长留意身边的机会，愿意为今后的成功寻找更多的可能性。而认为自己不幸的人，思考方式较为消极，很难为自己创造机会，他们一旦遭遇挫折，很难控制自己。

因此，如果一个人想让“运气”眷顾自己，就要使自己的思维方式变得积极向上，这样才能抓住机遇。但是，如何才能控制自己的思维向积极向上的方向发展呢？那就是改变自己的心态。只有心态好了，人的思维才能变积极。

当今社会物质文化高度发展，节奏加快，人的生活和工作面临巨大压力。因此，有些人在遇到事情的时候，就会不自觉地往消极的方向想。遇到的事情越严重，消极想法就越多，于是心情就变得越来越压抑，从而对个人行为产生更多负面影响，继而让自己陷入消极思维方式中。

给自己设定一个期望值

不同的人对于工作和生活的期望会有所不同，但不可否认的是，那种带有积极意味的期待往往能够消除我们在工作和生活中的消极情绪以及种种心理不适，并从内心深处激发我们对生活和工作的热爱，从而自主自愿地去提高工作效率，改善工作状态。实际上，这种效应就是我们所说的“期望效应”，也称“期望理论”。

所谓“期望效应”就是指人们之所以能够从事某项工作，并愿意高效率地去完成这项工作，是因为这些工作和组织目标会帮助我们达成自己的目标，满足自己某方面的需求。

有些人为了养家糊口，不得不努力工作以赚取足够的金钱；有些人为了满足自己对地位以及荣誉的需求，即便不缺钱，还是会变身“工作狂人”，没日没夜地加班。尽管两类人的需求不同，但同样都是“期望效应”的一种外在表现。

有期待才会有工作动力，有多大的期待就意味着能激发多大的潜能。反之，如果你只满足于衣食无忧，那么一旦达到这个期待点之后，你就会陷入茫然无措的状态，不知道自己该何去何从，也不知道自己未来的道路该如何规划。实际上，这种缺乏期待的状态对于我们自身职业的长期发展来说是非常不利的。浑浑噩噩中时光已经飞逝，当我们醒悟过来时才发现为时已晚。

要想避免在迷茫中荒废时光，我们不妨借助这种“期望效应”来激励自己远离拖延与浑浑噩噩的工作状态，重新回归充满激情与斗志昂扬的奋斗岁月。静下心来仔细思考一下，你想要的究竟是什么？如果你期望拥有和谐幸福的家庭，就必须抽出必要的时间去经营；如果你期望拥有数不清的财富和巨大的成就感，就必须克服工作中的困难和挫折，学会在高压下高效率地工作；如果你期望能够早日升为领导，就需要有意识地朝着这个方向努力。

阿展与阿发两兄弟同时创业，做的都是家具行业，但几年时间过去后，两个人取得的成就却是一个天上一个地下。如今，阿展经营的公司已经是集家具制造、销售、加盟为一体的综合性公司，在当地颇有名气；而阿发的家具制造厂还停留在小作坊阶段，只雇用了四五名木工师傅，勉勉强强维持着并不景气的业务。

当初，父亲为了支持兄弟二人创业，给了他们每人5万元的创业启动资金。实事求是地说，两人的创业环境几乎是相同的：没有场地，没有现成客户，没有经营经验，资金也只有父亲支援的5万元。

刚开始的辛苦自不必多说，兄弟两人都是又当木工师傅，又当销售员、送货员……两年过后，阿展和阿发都形成了比较成熟稳定的“前店后厂”的小作坊经营模式。尽管与那些日进斗金的老板比起来，小作坊的收入实在是微不足道，但与那些普通的上班族相比，显然还是要富裕不少。

阿发是一个小富即安的人，生活已经算得上富足的他对于事业并没有多大期待，只要能够维持现状就好，因此他的经营策略趋于保守。而阿展则恰恰相反，他时常利用闲暇时间去业界知名的家具厂商处进行考察和学习，看着人家的经营模式和时尚新潮的家具产品，阿展心中充满了期待，他希望自己的事业有一天也能达到这样的高度。有了期待就有了奋斗的动力，此后阿展结合自身现状以及实际情况，制定了一个严密的扩大发展战略，并始终坚持按照自己的发展规划走，不管遇到怎样的困难，都要雷打不动地完成发展目标。

一年后，阿展的小作坊发展到了20人的规模，其中业务员7名，财务1名，送货员2名，木匠师傅10名。为了拓宽销路，就必须改善家具品种。光做老样式是没有出路的，于是阿展自掏腰包安排木匠师傅去大型家具厂进修学习，一来学习对方的新式家具制造方法，二来要通过学习提高根据客户需求设计新式家具的能力。很快，阿展生产的新式家具就获得了很好的市场反响，借着这股“东风”，小作坊一跃成了集家具制造、销售、加盟为一体的有限责任公司。

为什么兄弟俩的创业条件几乎相同，结出的果实却完全不同呢？实际上，这也从另一个侧面验证了“期待效应”。一个没有任何期待的人，是不可能给自己人为设定期望值和期限的，没有规划没有目标，其结果必然是得过且过、浑浑噩噩；反之，对未来充满期待的人，内心则往往充满干劲，这不仅能有效克服拖延等不良工作习惯，还能激发人的潜能，大大提高人的工作效率。这也正是阿展获得巨大成功的最关键因素。

人们常说“生活要有奔头”，其实这里所谓的“奔头”就是指“期待”和“希望”。既然“期待效应”能够带来如此大的好处，那岂不是期待越高越好？如果你持有这种想法，就大错特错了。美国著名心理学家和行为科学家维克拖·弗鲁姆在《工作与激励》一书中指出，某一活动对某人的激励力量，取决于他所能得到结果的全部期望值乘以他认为达成该结果的期望概率。如果期望过高，我们总是无法达到所期望的结果，那么期望所带来的激励效果就会大打折扣；唯有合理的期望值才能有效调动一个人的工作积极性，并激发出其内在的工作潜力。

那么，怎样才能找到适合自己的期望值呢？对于不合理的期望值又该如何调整呢？

1. 实事求是地认识自己

在现实生活中，总是有不少自视甚高的人，他们没有做出过任何成绩，却一厢情愿地以为自己怀才不遇。一旦我们对自己的认识过高，那么所期望达成的目标自然也会水涨船高，这样一来，一旦无法达到目标，我们的精神就会遭受沉重的打击。

要想避免这种情况，就必须实事求是地认识自己，站在一个客观的角度去审视自己的优势和缺点。为了避免认识误差，我们还可以通过征求周围家人、朋友、同事等人的意见来从侧面认识真实的自己。什么马就应该配什么鞍，自己的能力有多少就要给自己设定怎样的目标，只有这样才能避免因期望值过高而受挫。

2. 跳一跳脚要能够得着

如果我们所期望的事情不费吹灰之力就能办到，那么期望值本身的激励效果也就无从谈起了。只有超出平常水平的期望才能激发我们的潜能。在为自己设定期望值和目标时，一定要遵循这样一个原则，即跳一跳脚能够得着。这样既能给潜能的发挥预留出充分的空间，又能避免因期望值过高而无法达到，可谓一举两得。

从某种层面上说，人们对已设定的期望是否可以达到的判断，完全是根据以往的经验进行的主观判断。这就要求我们具备一定的估算能力，如果在设定期望值和期限时出现过大的误差，往往也会影响“期望”激励效应的正常发挥。

每个阶段有每个阶段的期望值，要想让“期望效应”一直发挥正能量，就必须学会用发展的眼光看问题。上一次顺利达成了目标和期望值，那么这一次的期望值就可以定得稍微高一些；自己的起点比他人高，那么大家一起制定期望值的时候，可以适当比周围人高一些；假如付出了很多努力还是没能达到之前预定的目标，那么下一次可以考虑适当降低期望值。

期望值的调整是一个长期发展变动的过程，是不可能一蹴而就的。我们本身的工作能力在变化，所处的社会大环境在变化，社会意识形态以及个人的思想等都在变化，唯有将期望值放在这些复杂的现实中，我们所调整的“期望值”以及所设定的期限才是有效果、有意义的，我们必须谨记这一点。

做决定的时候快一点

“我再也忍受不了如此枯燥乏味的工作了。有时候觉得一分钟都待不下去，可是一想到辞职，我又免不了打退堂鼓。房贷要还，孩子上幼儿园要花钱，日常吃穿住行也要花钱，短期内没有收入怎么办？辞职后找不到合适的工作该怎么办？”实际上，工作也是一个“围城”，外面的人想进来，里面的人想出去，有一些人在两者之间徘徊、权衡，结果想得越多越难以做决定。

世界上没有十全十美的工作，几乎任何一份工作都有其自身的利弊。面对这些利弊，我们常常需要在关键时刻做出一些事关重大的决定。不确定是否要辞职，不确定是否要转行，不确定这个工作难题该怎样解决，犯错后不知道该怎样面对领导的责难……每个人的职业生涯都会面临这样或那样的选择，当我们面对这些难以取舍的问题时，思考、犹豫是必然的，但如果一个人过于优柔寡断，就会造成时间上的拖延，从而错过可遇而不可求的天赐良机。

很多时候，思虑越多麻烦也就越多，因为快速决断，立即去做才是最为关键的。俗话说“机会不等人”，现代环境复杂多变，一旦你因犹豫和拖延而错过了机会，只能是追悔莫及。反倒不如放下那些所谓的心理负担，轻轻松松上路，还可能取得一线生机。

过分的思虑只会消耗掉我们原本就十分有限的精力，一旦我们把精力都放在了犹犹豫豫的前思后想上，那么工作时自然就会精力不足、时间不足，产生“拖延”的坏习惯也就不足为奇了。如果你至今仍然陷于“思虑”而无法快速行动，那么你或许应该做一次深刻的自我反思。生活就像一团乱麻，总会有许多解不开的疙瘩，仅仅因为犹豫就拖拖拉拉，甚至因此而错过了成功的机会，无疑是世界上愚蠢的事情。

老秦是20世纪80年代的大学生，毕业后被分配到一家大型国有企业，成了一名人人都羡慕的技术员。在当时，这可是万里挑一的“金饭碗”，老秦本人也十分珍惜这份来之不易的工作。原本以为工作和生活都会这样毫无波澜地继续下去，但谁也没想到，已经30多岁初为人父的老秦，面临了自己人生中的一次重大选择。

随着改革开放的浪潮日益高涨，很多国有企业员工纷纷辞职南下淘金。在这样的大环境下，老秦想不动心是不可能的。当时，老秦的一个同为技术员的同事A打算前往深圳进军IT行业。

然而当同事A邀请老秦一同递交辞职信的时候，老秦却陷入了犹豫。

“家里年迈的父母万一生病怎么办？”

“孩子年纪还小，没有爸爸在身边会不会影响他的健康成长？”

“一旦辞职，没了这份稳定的收入，南下掘金再不顺利，赚不到钱的话，一家人的温饱怎么解决？”

“自己这样抛家舍业，把一切生活上的事务都抛给妻子，会不会破坏夫妻间原本良好的关系？”

既担心丢掉稳定的工作，又害怕即将到来的未知生活，老秦就在这样的心理拉锯战中艰难思考着。有时好不容易下定了决心，结果第二天就会自己推翻，于是又继续重新思考权衡……经过一轮又一轮的思考，老秦终于决定辞职南下，这时候距离同事A辞职已经过去了整整一年。

思虑过重往往会吞噬掉我们的行动力，从而造成工作上的“拖延”。老秦正是因为思虑过重，所以南下深圳的事情才会一拖再拖，竟然拖了整整一年。但就是这一年的时间，却注定了同事A与老秦命运的截然不同。互联网行业的竞争比其他行业要激烈得多，谁能领先一步，谁就能快速占领市场，成为行业老大，而慢一步则会步步赶不上。

老秦南下深圳时已经是20世纪90年代初期，同事A因为早到一年，正好赶上了国内互联网行业的重新洗牌。A与自己所在的公司熬过了最困难的时期后，终于迎来了春天，他也自然而然地被提拔为管理人员。此外，他还因为出色的工作表现获得了不少企业内部股。而老秦则恰恰错过了这个时期，因此只能按部就班地工作。

人们常说时势造英雄，有时越是行业动荡、公司动荡的时候，越是充满机遇的时候。一旦进入了平稳发展期，那么不管是升迁机会还是职业发展空间都会大大受限，老秦就属于这种情况。一转眼十年过去了，同事A随着公司的上市，早已经凭借内部股票成为千万富翁，在公司内部也已是颇有声望和地位的元老级人物，而老秦兢兢业业的努力也只换来了一个部门主管的小职务。

因思虑过重而引起的拖延往往会让我们在不知不觉中丧失最为宝贵的机遇，如果当初老秦能够和同事A一样快速做出决定，而不是在犹犹豫豫中一拖再拖，那么老秦今日的职业现状又将会是怎样的呢？然而时光不能倒流，如今，老秦也只能悔恨自己当初的“拖延”了。

事实上，在现实生活中，有相当一部分人都有类似老秦的困惑，这完全是由于思虑过重而引起的“拖延症”。要想克服这种症状并非不可能，我们不妨按照下列方法进行尝试。

1. 对自己狠一点，成功就近一点

如果前怕狼后怕虎，注定永远找不到新出路。有时我们自以为安全的“拖延”做法，只会毁灭自己的美好前程。俗话说“困难像弹簧，你弱它就强”，事实上你越是胆小怕事，就越容易被思想包袱所累，最终因为“拖延”而落得一事无成。不如抛开一切，孤注一掷快速做出决定，反而可能会赢得一线生机。

实际上，不论我们做什么，都不必过分去预料结果，因为每当你考虑结果时，总免不了想到一个无比糟糕的结局。畏畏缩缩是成不了什么大器的，想成功必须主动出击，下决心时对自己狠一点，自然就能离成功近一点。

2. 要善于快速抓住机会

经常迟疑不决的人，通常抓不住最好的机会，注定是个失败者。如果我们遇到一点小事就要思来想去，犹豫不决，甚至还要花费大把时间和很多人去商量，那么不仅有迷失自己真正方向的危险，还很可能会错过千载难逢的好机会。

或许有人会说，决策果断、雷厉风行的处事不保险，可能会犯错误，但这总比只说不做要强得多。人要懂得在有限的生命、有限的精力以及有限的才智情况下，用最快的速度做出最正确的决定。如果犹豫不决或一味纠缠那些毫无结果的东西，到头来很可能是竹篮打水一场空。遇到机会就要不惜一切代价地抓住，这时候尤其要当机立断，因为你稍一犹豫，结果就会大不相同。

3. 修炼出一颗智慧的取舍心

有些人时常纠结于患得患失的精神痛苦之中，不得解脱之法。所谓有舍才有得，大舍大得，小舍小得，与其整天都生活在忧虑之中，把时间浪费在担惊受怕、苦苦思考上，反倒不如快刀斩乱麻，迅速做出决定并迅速行动。

站在河的此岸呆立不动的人，永远到达不了彼岸，所以说，做人做事都要干脆，不仅要努力去争取，而且对自己多余的、次要的、得不到的和不属于自己的，该放弃就要果断放弃。就像下象棋时，一旦帅被将、无路可退，必须果断“弃车保帅”，稳住阵脚，这样才有机会反败为胜。取舍有当是一种智慧，在人生的关键时刻，我们必须审时度势，学会适当放弃，这样才能够利用更多的精力去争取真正属于自己的东西，才不会因为拖延而陷入万劫不复的深渊。

第六章 提高速度和效率，拖延就追不上你

“时间管理之父”阿兰·拉金说：“勤劳不一定有好报，要学会掌控你的时间。”金钱可以存储，知识可以积累，但时间一去不回头，要想让自己远离拖延，必须要有管理时间的意识。只有善于管理时间，才能达到事半功倍。

不设计时间，拖延就陪着你

许多人忙来忙去，最终只是穷忙，他们只知道埋怨自己命运不好，没有一个好家庭、好工作，甚至感到生活真累。可惜他们不知道怎样利用时间，怎样安排和设计时间，告别拖延症、提升执行力成为空谈，往往也使自己的生活不如意。

“唉！工作又没完成”“哎哟！我怎么又忘了健身”“我真后悔，一辈子竟一事无成”，日常生活中我们总能听到这些人的叹息声。我们不禁要问，他们为什么不事先设计好自己的时间呢？

当郑磊走进办公室看到桌子上一摞摞报表时，感到非常头疼，但迫于工作，只好静下心来翻看每一张，当看到一半的时候，秘书走进了他的办公室说：“副总，一位客商要求见您一面。”郑磊不在意地说：“让他先在会客厅等一会儿，我马上就过去。”

当他用大约一杯茶的工夫翻阅完这些报表走进会客厅时，看到那位客商正不耐地在里面踱步徘徊。于是他满脸堆笑地对客商说：“对不起！我工作太忙，让您久等了。”

客商听到他这句话，说：“如果你实在没有时间，不如我们改天再谈吧！”于是那位客商走出了会客厅。

眼看着到手的肥肉，怎么会一下子就失去了呢？郑磊一时感到迷茫。

第二天，董事长找郑磊谈话说："公司决定撤你的职，并决定辞退你。因为你不符合本公司的业务要求。"

郑磊急着说："怎么回事？我为了公司可没少卖命，怎么您一句话就把一个高级职员给辞了呢？"

董事长见他仍然执迷不悟，气急地吼道："你这笨蛋，你把我1000万的生意给搅黄了，你知道吗？"

郑磊终于明白其中缘故，原来是自己的一句话惹恼了客商。他想起了初来这家公司的时候，在公司的员工须知专栏里有这样一段话："时间至关重要，凡本公司员工必须一律遵守时间，任何人不能无故迟到或早退；要按时完成任务；要做好时间安排，哪怕是最小的细节也必须在日程安排中列出来并付诸实施。"

郑磊并不是很忙，而是没有设计好自己的时间，不仅被上司给辞退了，也给自己带来了痛苦和烦恼。郑磊的一句话惹恼了客商，可想而知，设计时间是多么重要。

有些人总觉得被戴在手腕上的那块手表控制自己没什么必要，便可以浪费时间更准确地说就是混时间，到头来生活平平，一事无成。有些人则很会设计自己的时间，他们守时、准时和省时。他们先设计好自己的时间计划，然后再行动，这样就不容易使自己在实现目标的过程中浪费时间了，从而大大提高了达成目标的效率。

要想告别拖延症、提升执行力，如果不设计时间，只是盲目地去追求自己的目标，最终也许会走到拖延的沼泽地，让你终身难以自拔。

拥有执行力，远离拖延

“执行”就是一个人对于工作无条件地接受，并且能够在规定的时间内完成并做出答复和反馈。简单来说，执行就是“有命必复，使命必达”。有人说“执行精神保证一切”。的确如此，执行精神保证了忠诚、绩效、结果、责任。“在限定时间内必须给一个结果”是执行精神的核心要求，而执行精神则影响着一个人的发展前途。

下面是上海锦江饭店在紧迫的情况下也能够按时、保质、保量地完成任务的成功案例。

1977年11月4日，“由于恶劣的气候，巴基斯坦齐亚·哈克将军等75人乘坐的专机不能降落于北京，最后经商榷决定，两小时后降落于上海，请立即做好迎接准备”。这突如其来的紧急任务让上海锦江饭店应接不暇。

上海锦江饭店的经理任百尊忧心忡忡地放下电话。这该如何是好？这么短的时间该如何准备？这可是迎接外国贵宾的重大任务，千万不可马虎。但是怎样才能够顺利地完成接待任务呢？任百尊缓过神来，立即通知相关人员召开紧急会议，他强调：“专机在两个小时之后就会抵达上海，所以我们必须在两小时之内将75套客房、100辆轿车组成的迎宾车队、200多人的用餐妥善地准备完毕。大家有没有信心？”

命令一下，全体员工都清楚地明白这次任务的重要性，都一丝不苟地工作着。在还剩下20多分钟的时候，任百尊对员工的工作成果进行了检查。他首先来到了VIP套房，推开门房间里焕然一新，光鲜亮丽、一尘不染。他审视了一下床头的插花，只见插花造型新奇、典雅大方。当检查完所有的客房之后，他看到所有的服务员都面带微笑地准备就绪，就在这时厨师长也打来电话，向任总报告："厨房一切都安排妥当！"任总看了看手表，比规定的时间整整提前了10分钟。任百尊这时接到上级的电话："国宾车队已到达淮海路与茂名路交叉口，两分钟后将抵达饭店。"

齐亚·哈克将军对于锦江饭店所准备的一切服务都非常满意。直到这一刻任百尊经理悬着的心才慢慢地放了下来。他后来回忆说："接待国宾一般都是这样紧张，像这样时间紧、任务急的任务对大家的要求是必须要像打仗一样，兵贵神速。"

仅仅用120分钟的时间就能够完成如此紧急高质量的任务，这似乎是一般人不能够想象的。如果没有"在限定时间内必须给一个结果"的执行精神，万无一失地完成这样高规格的接待任务几乎是不可能的。

"在限定时间内必须给一个结果"这句话表面上听起来不近人情、非常苛刻，但是却可以在非常短的时间内激发出一个人最大的潜能。如果将这样的执行精神带到工作中，对提高一个人的执行能力会有着非常重要的作用。这样一来无论接到什么样的任务，都会在最短的时间里把握好时间，安排好任务，有节奏、有步骤地去完成任务，从而取得令人满意的结果。

陈家乐刚到公司不久后就接到了一个"讨债"的艰巨任务。

由于一家公司在一年前就买了340万元的设备，直至今日还没有将剩下的30多万元全部付清，所以上司决定派陈家乐将这笔债要回来。

经过好几个回合之后，陈家乐发现无论他怎么软磨硬泡，对方公司的严总就是不肯将剩下的欠款付清。陈家乐心想这样下去也不是办法，眼瞅着3个月的试用期就快满了，还是毫无进展。而唯一的收获就是和对方公司传达室的李师傅成了“熟人”。此时，他决定从李师傅这里寻找突破。

一天，陈家乐从李师傅那里得知严总将要去参加一个“重合同、守信用”的表彰大会，他心里暗暗地窃喜了一下，一定要抓住这千载难逢的机会。他拿出纸和笔写了几行字，就朝着表彰大会直奔而去。

当严总发表完表彰感言从台上下来之后，陈家乐悄悄地走到他身边说道：“严总，您的发言真是太精彩了，知道您也是非常讲信用的，您看我们公司的那笔余款是不是该付清了？”严总立马说道：“没问题，回公司就把你这问题解决了。”

“哈哈，我就知道严总您是一个言出必行的大老板！不过您是个大忙人，就不劳烦您来回跑了。这样吧，您只要在这个条子上签个字，剩下的事情交给我来办就好啦。”严总看了一眼纸上的字，瞟了陈家乐一眼，不由地笑着说：“还真有你的…”大笔一挥，签上了自己的大名。陈家乐拿着签了严总名字的字条，赶到了严总的公司顺利把欠款结清了。那么，这张纸条究竟有什么样的魅力，使得拖延欠款已久的严总不得不签？

原来，陈家乐写的是：“拖欠××公司余款至今未还，今天务必将剩下的余额如数结清！”

陈家乐凭借这份功绩使得公司的领导对他另眼相看，在试用期未满的情况下破格转为正式职员，为他今后的发展奠定了基础。

在限定的时间内必须给出一个结果，需要永不放弃、敢于承担责任的精神；在限定的时间内必须给出一个结果，需要有超强的执行能力、敢于突破自己。因此，我们要加强自己的执行意识，在规定的时间内给出一个让人满意的结果，从而成就自己的一番事业。

不打折扣，高效复命

任何工作都必须做到位，“有命必复”就是落实到位的体现。公司要的是结果，而不是问题，否则，复命就毫无意义。在复命的过程中，可能会遇到一些困难和挫折，但应该“有命必复，使命必达”，全力以赴，克服一切困难达到目标。

王顺友是四川省凉山彝族自治州木里藏族自治县邮政局的投递员，在2007年被评为“全国道德模范”。他一直从事着一个人、一匹马、一条路的艰苦而平凡的乡邮工作。邮路往返360公里，月投递两班，一个班期为14天。20多年来，他送邮行程达26万多公里，相当于走了21个二万五千里长征，围绕地球转了6圈！

王顺友担负的邮路，山高路险，气候恶劣，一天要经历几个气候带。他经常露宿荒山岩洞、乱石丛林，经历了被野兽袭击、意外受伤乃至肠子被马踢破等艰难困苦。他常年奔波在漫漫邮路上，一年有330天左右的时间在大山里度过，无法照顾多病的妻子和年幼的儿女，却没有向组织提出过任何要求。

为了排遣邮路上的寂寞和孤独，娱乐身心，他自编自唱山歌；为了把信件及时送到群众手中，他宁愿在风雨中多走山路，改道绕行以方便沿途群众，而且还热心为农民群众传递科技信息、致富信息，购买优良种子；为了给群众捎去生产生活用品，王顺友甘愿绕路、贴钱、吃苦，受到群众的广泛称赞。

20多年来，王顺友没有延误过一个班期，也没有丢失过一封邮件、一份报刊，投递准确率达到100%。2005年，王顺友应万国邮政联盟之邀，飞赴瑞士，为万国邮联行政理事会作关于中国邮政普遍服务的报告。自万国邮政联盟的理事会1874年成立以来，王顺友是受邀作主题报告的第一个普通邮递员！他的成绩赢得了全世界的敬意。

王顺友之所以卓越，是因为他具有一种复命精神：不管多累多苦，他都要尽快将信件交到老百姓的手中，高效地完成自己的任务。

那么，何谓及时复命制呢？及时复命制也被称为四小时复命制，可以解释为：对任何命令，无论是否完成，执行人都要在规定的时间内向下令人复命。需要严格遵守的是，复命的时间不要超过四小时，所以称为“四小时复命制”。也就是说，有命必复是四小时复命制的核心，事情只要布置下来，就必须在四个小时内进行复命。

当然，除了“四小时复命制”外，还有“八小时复命制”“二十四小时复命制”等相关制度。在许多公司里，优秀的员工会根据任务的基本性质，按照限定的时间进行高效的复命。“四小时复命制”“八小时复命制”等制度的有效运行，是优秀企业文化的集中体现，同时也是员工对复命精神不懈坚持的结果。

具体来说，要将任务不打折扣地执行，高效复命，需要做到这几个方面。

1. 做了不行，做好才行

“做了”与“做好”，虽然只一字之差，却有本质区别。“做了”只是做过这件事，但没有保证结果；而“做好”不仅仅是做过这件事，而且结果很好，这意味着对组织的目标负责、对工作的质量负责。一个人执行力强不强，关键就看他是重视“做了”还是重视“做好”；一个企业抓执行是不是抓住了关键，也要看管理的重心是不是放在“做好”两个字上。

执行不打折扣，绝对不能满足于“做了”，否则不仅浪费资源，还会让自己的进取心逐渐麻痹，该有的效率出不来，未曾预料到的陷阱和危机却不期而至。工作只停留在“做”的层面是毫无意义的。执行的关键就在于到位，执行不到位，就等于没执行。

2.“负责”不够，还要“负责到底”

一个员工首先应对自己有一个工作做到位的标准，凡事要求自己做到位，负责到底。表现在行动上就是不能敷衍了事，一定要认真勤奋，把别人浅尝辄止的事做得一丝不苟，把每一件细小的事，认真做到最好。

“负责到底”还要求从始至终地坚持做到位。有些人经常在做了90%的工作后，放弃最后能让他们成功的10%，甚至相当一部分人做到了99%，只差1%，但就是这一点细微的差距，使他们在事业上难以取得突破和成功。因此，负责到底就是一定要坚持不懈地做下去，不打折扣地执行，做到位。

3. 丢掉“差不多”思想

执行中的“差不多”，结果往往会差很多。只有100%才是合格，不能有一点疏忽。因此，要彻底摒弃“差不多”这样的想法，凡事尽力做到100%。只有100%的结果才是能够让人满意的复命结果。

4. 对自己高标准、严要求

高标准、严要求就是要有追求卓越、追求完美的执行力。一个人的成功取决于他无论做什么都力求做到最好，他无论从事什么工作，都绝对不会轻率、疏忽。因此，在工作中应该以最高的标准来要求自己，尽可能地把工作做得比别人更快、更准确、更完美。

用最高的标准要求自己是一种高效复命意识的体现。在工作的时候，就意味着做到让客户100%满意，让客户感受到超值的服务。这就是卓越员工工作的唯一标准。这样的标准在实际工作中，一方面将造就优秀的员工，另一方面将造就成功的企业。

让你的时间增资

不难发现，对于一些拖延者而言，他们总是在抱怨工作太忙，而事实上，他们一直在忙于做一些毫无成效的事情，比如，在办公室看电视、上班时间打长时间的电话等，如果你也是如此，那么，你必须要调整自己的工作状态，因为完成了那些不值得做的事情是不会给你的工作带来任何成功的。只有集中精力完成那些值得去做的事情，才会高效地完成工作。

无论何时，如果你为一些错误的事情而工作，那么无论你做了多少其实都是在拖延时间。如果说有某种必须遵循的法则能帮助你把工作调整到一个良好的平衡状态，那么它就是一百多年前由意大利经济学家帕累托提出的 80/20 法则（也叫二八法则，二八定律）。帕累托指出：在任何特定群体中，重要的因子通常只是少数，而不重要的因子则占多数，因此只要能控制具有重要性的少数因子即能控制全局。当然，习惯上二八定律讨论的是顶端的 20%，而非底部的 80%。

同样，在我们手头所需要处理的事情中，真正能起到作用的或重要的也只是少数，因此，你需要在可以利用的时间里尽最大努力去工作，在最重要的事情上竭尽全力，而不要在不重要的事情上浪费精力。学会在几件真正重要的事情上力争上游，而不是在每件事情上都争取有上乘表现的人，可以使他们自己的生活发生根本的变化。什么工作都要抓，往往可能导致什么也做不到。

根据 80/20 法则，我们可以看出，人如果利用最高效的时间，只要 20%的投入就能产生 80%的效率。相对来说，如果使用最低效的时间，80%的时间投入只能产生 20%的效率。一天头脑最清楚的时候，应该放在最需要专心的工作上。与朋友、家人在一起的时间，相对来说，不需要头脑那么清楚。所以，我们要把一天中 20%的最高效时间专门用于最困难的工作中。

威廉·穆尔是美国著名的企业家，他曾经在为格利登公司销售油漆时，头一个月仅挣了 160 美元。

随后的一段时间，他仔细研究了犹太人在从商上经常用到的“二八法则”，然后再将这一法则运用到自己的销售中，并分析了自己的销售图表。他发现他 80%的收益却来自 20%的客户，但是他过去却对所有的客户花费了同样多的时间—这就是他过去失败的主要原因。

于是，他要求把他最不活跃的 36 个客户重新分派给其他销售人员，而自己则把精力集中到最有希望的客户上。不久，他一个月就赚到了 1000 美元。穆尔学会了犹太人经商的二八法则，连续九年从不放弃这一法则，这使他最终成为凯利－穆尔油漆公司的董事长！

此处，我们看到的是，花费 20%的时间和精力就能得到 80%的回报。80/20 法则告诉我们绝不要将自己的时间和精力浪费在那些琐碎的事情上，也就是要抓住主要矛盾。毕竟，无论是谁，精力都是有限的，要做到面面俱到或者照顾到每一件事几乎是不可能的，这就更需要我们懂得合理分配时间和精力的重要性。

根据二八法则，我们在时间管理中，可以总结出以下两点。

1. 始终把精力放到最重要的事上

不管是工作、学习、人际关系等，你只做重要而且是必要的任务。以不同的职业为例：

如果你是一名销售人员，你的优先顺序就是打电话约见客户，然后准备销售的工具以及材料，到客户那儿去，向客户介绍产品，最后签订订单。

如果你是一名销售经理，你的工作可能就是把产品的知识传授给属下，统计整个单位或部门的业绩，走访一些重要的顾客，把下级的一些意见反映给上级等。

如果你是一名职业经理人，你的工作大部分时间应该用在规划、组织、用人、指导、控制上。

所以，每一个人，因为他工作的角色不同，只做重要及必要的任务。

2. 集中精力，全力以赴

每个人的角色不同，应根据当时的状况设定目标，并以每一次能够最完美地完成目标为原则，这样在计划周期结束时，每个人至少都处理了重要事情。

从这里，我们能看出设定优先顺序的好处，优先顺序就是决定哪件事情必须先做，哪件事情只能摆在第二位，哪些事情可以延缓处理，即要有意识地设定明确的优先顺序，以便系统、条理地依照这个顺序处理计划里的任务。

你的热情好像一把火

很多人都有拖延的心理，并且不觉得这是多大的问题。事实上，拖延是一种很不健康的心理。一个人做事拖拖拉拉，最后很可能半途而废，甚至很多人的梦想都是在拖延中夭折的。

一鼓作气，再而衰，三而竭。之所以会有这样的情况，就是因为很多时候，人们内心的热情会随着行动的延迟而消散。人在拖延的过程中，热情越来越少，精神状态越来越松懈，前进的脚步就会越来越慢。

希腊神话中，爱神丘比特脑海中瞬间的灵感造就了智慧女神雅典娜。雅典娜一出生就具备了美貌与智慧，堪称完美。事实上，雅典娜象征的就是存在于每个人头脑中的灵感和冲动。我们应当抓住头脑中转瞬即逝的好点子，抓住想要去做事的冲动，并立即将其付诸行动。因为它在这个瞬间成功的可能性最大。如果在理想产生的瞬间没有采取行动，以后便更难有付诸行动的动力了。有一句俗语是这么说的，“任何时候都能做的事，往往永远都不会有时间去做”。

一个人要想做成一件事情，首先要在脑海中有一个想法，之后则要尽快付诸行动。从人的思想开始，再到人的执行，这是不可间断的一个过程。只有将你的思想付诸行动，你才能走向成功。《为学》中两个和尚的故事很能说明问题：

在四川有两个和尚住在一个偏远的寺庙中。一个是穷和尚，一个是富和尚。

一天，那个穷和尚对富和尚说：“我要到南海云游一番，你认为怎么样呢？”

富和尚看了他一眼，用蔑视的语调说：“你一无所有，依靠什么去呢？”

穷和尚说：“一个水瓶和一个饭钵就足够了。”

富和尚听了不以为然，他骄傲地说：“我很早就想去普陀山了，我想买一艘船，乘船沿着长江去。像我这么有条件的人，都没有实现，就别说你一个贫穷的和尚了。山高路远，你只靠着水瓶和饭钵是不能达到南海的。”

然而，穷和尚也没有多说，只是准备了一个瓶子、一个饭钵就上路了。

到了第二年，穷和尚从南海回来，而富和尚却还是没有行动。听完了穷和尚一路的见闻之后，富和尚觉得很羞愧。

富和尚空有一个美好的计划，却一直拖着不实施，结果计划流产了。相比，穷和尚下定了决心去南海，很快就踏上旅程，成功实现了自己的想法。一个只有思想，却一直拖延，没有行动；另一个既有思想，又有行动。不同的态度，不同的行动，决定了他们两人不同的结果。

想象一下，一个喜欢拖延的人，他生活在一种什么样的生活状态之中呢？首先，他总是忙，因为有太多拖无可拖的事等着他，这会让他烦躁。其次，他很悲观，因为他害怕事情做不成，左怕右怕，有了什么想法都一再观望，直到机会丧失。

确实，一个人喜欢拖延，他的梦想最后恐怕也要无疾而终。当有人问约翰·杰维斯（后来的温莎公爵）他的船什么时候可以加入战斗，他回答说："现在。"对，就是现在，我们与其费尽心思把今天可以完成的任务千方百计地拖到明天，不如把这些精力省下来，马上把工作做完。很多事情都是越拖越难。因为在最初的时候，我们对工作的热情还处在高涨的阶段，这种热情能使我们在艰苦的工作中挖掘到无穷的乐趣。但随着时间的推移，热情会逐渐冷却，到了那时就算你想全身心投入工作，也很难做到尽善尽美了。举个例子，你收到一封信，看了之后，马上回复，往往比你过了一周再回复容易很多。今日事今日毕，不要老想着明天。对成功来说，最稳妥的词，就是"现在"；"明天""后天""下周""将来""以后"……往往意味着"再没可能"。万事开头难，看上去很困难的事情，如果你立即行动，实现起来可能就没有那么难了。

王攀登是某控股集团有限公司董事长兼总裁，在他还在上中专时，他班主任就评价他是一个不爱说话的人，但是，他一旦说了什么话，想做什么事，绝不会拖延。

中专毕业后的王攀登，给别人打工挣了一些钱，他便想着要建造一座新房。众所周知，乡下人盖房子差不多都是一个模样，可是王攀登却说自己想要建造一栋独一无二的房子，村里的人听了，都说他的想法太奇怪了，难以盖成，而且花费也大。

王攀登却没有犹豫，他先是四处筹钱，然后十里八村地整天跑来跑去，然后又综合不同房子的优点熬夜画了一张图纸，然后交给建筑师。不久，一所标新立异的新房建立起来了。

二十一岁的时候，王攀登用身上仅有的3000元成立了一家专售燃气灶具的零售店。后来他曾对身边的人提起他要开一家工厂，可是大家都没有当回事，以为他只是说说而已。直到王攀登建立了属于自己的加工企业，大家才缓过神来问他："你是怎么做到的？"

立即行动，只有立即行动的人，才会把自己的经历和热情集中爆发出来。这些人雷厉风行，十分珍惜时间，他们不允许自己的时间浪费在无聊的事情上，也不允许犹豫拖沓耗费自己的心气，磨灭自己的热情，正是因为这样，他们才能够做成别人不敢做的事情。

快点行动起来

有两个年轻人姜明和鲁行同一天进入一家公司工作。姜明口齿伶俐，能说会道，在公司中人缘不错，尤其是在领导面前，他从来没有说过一句错话，而且每次有领导参加的集体活动，他总是能够在众人之中突出自己：要么讲一些笑话，要么给领导敬酒，每次都能博得领导的笑容。每一次公司有什么新的发展计划，他总是会提出一个几乎完美的方案，并用最精彩的语言表达出来，让人听了热血沸腾。可他有一个毛病，就是每次做完计划之后，就把它抛在脑后了，很少去执行。

而鲁行却和姜明恰恰相反，每次领导在的时候，总是默不作声，该怎样工作还是怎样工作，从不刻意表现什么。自己有了工作计划，就默默地去做，直到完成。有一次，姜明就对鲁行说：

“你看你，每次见到领导连句话都不说，你这样怎么能够赢得领导的欢心呢？”

鲁行说：“我知道我自己不会表现，不会说一些冠冕堂皇的话，但我工作努力踏实，能够把自己的工作一步步完成，我想领导是不会看不见的。”

一段时间之后，由于公司要和香港一些大公司进行合作，所以需要从基层员工中选拔一位部门经理。消息一传出来，所有的人都很激动，尤其是姜明，觉得自己是最佳人选，原因就是领导很喜欢他，自己在领导面前最会表现而且最有讲演的天赋。谁知道，公司最后决定任命鲁行为经理。

姜明知道后很不服气，就去问领导：“为什么不是我？我哪一点不比鲁行强？”领导笑了笑说道：“的确，你在某些方面是比鲁行强，比如你语言表达好，每次都能让大家感觉到你很能干，但是你却忽略了一点，工作不是空谈，而是脚踏实地做，实干的人才是工作中最好的执行者。”

确实，不论一个人嘴上再怎么夸夸其谈，没有行动，再好的计划也只是空想。优秀的员工都懂得只有行动才能证明自己的能力，用行动来替自己说话。工作中，只有重视实际执行的人，才能够提高自己的工作效率和工作成绩，才能为自己找到更广阔的发展空间。

我们要努力做一名能为企业创造经济效益的优秀员工，一名能够推动企业健康发展的优秀员工，只有行动、只有去做才会实现，空谈是不可能帮你实现的。执行重于一切，它能帮助你去做你不想做而又必须做的事，同时也能帮助你去做那些你想做的事，它更能帮助你抓住意想不到的宝贵时机。

执行，需要的就是一种坚持到底的信念，有了这种信念，才能不计代价，战胜困难，使命必达。抱有这种态度的人，在执行工作的过程中从不会因为遇到困难而停止脚步，更不会在困难面前退缩，而是勇敢地去面对，积极地想办法。他们清楚，只要积极主动地面对，就一定可以找到排除困难的办法。

吴菲是一家公司的业务员。因为所学专业与她的工作并不对口，看着同事出色的业绩，她十分沮丧。公司里各种各样的琐事让她喘不过气来，她感到对工作和生活都失去了激情，整天愁眉苦脸，甚至怀疑自己的能力。

终于，吴菲找到老板要求调换工作。老板非常看重吴菲的聪明才智，也深信吴菲是位出色的业务人员。于是，他耐心地和吴菲谈了一次，并把一个非常重要、难度较高的项目交给吴菲。

回到家后，吴菲开始自我反省，并努力思考完成任务的方法。

老板交给她的项目虽然在别人眼里几乎是不可能完成的，但吴菲把自己的状态调整到最好，工作效率也大大提高，几个月后，她相当漂亮地完成了这个“不可能”的任务。

在完成任务的过程中，我们总会遇到很多困难，如果我们像吴菲一样坚持不懈，就一定能够突出重围。倘若遇到困难便退缩，所有的努力都将白费。

在奋斗的过程中，坚持是制胜法宝！世界上最容易的事是坚持，最难的事也是坚持。一个人想干成任何事，都必须拥有恒心和毅力，只有坚持不懈才能取得成功。特别是各种困难让你难以继续的时候，更需要你不松懈、不放弃，一如既往地努力下去，直到最后成功。就如英国思想家塞·约翰生所说：“能否成大事不在于力量的大小，而在于坚持多久。”

如果你有能力，业绩却远远落后于其他人，最好自我反省一下：自己是否全力以赴、坚持不懈地把工作进行到底了？全力以赴，绝不轻言放弃，这需要员工对工作满怀激情，对企业充满忠诚，更重要的是，对自己的事业充满信心。只有经得起风吹雨打及种种考验的人，才是最后的胜利者。

抓住重点，命中红心

不能立刻接受上司的任务，做不到“无条件执行”，很多时候是因为自己觉得执行起来有难度。其实，困难是自己想出来的，没有真的遇到，你怎么知道会有这些困难呢？你怎么知道这些困难是你克服不了的？

你感觉上司布置的任务对你而言困难重重，是因为你没有抓住问题的重点和关键。一旦你从心底里认为这个任务实行起来有困难时，你就已经开始软弱。这时如果你所想的只有逃避的理由，你就会不断地为自己“增添”困难，从而令你越来越相信这个任务绝对完不成。

当你觉得任务困难重重时，不妨问一下自己：“最大的困难是什么？”“真正不可能克服的困难到底有几个？”通过分析，你会发现真正的困难其实不多，最多只有一两个。而其他所谓的困难，不过是乘虚而入的借口罢了！

当你发现真正的困难后，就抓住这个困难，集中火力“攻击”。

这时，你可以向上司询问与这个困难相关的信息。放心，你的上司绝不会因此而责怪你。上司布置任务时，最怕任务被推来推去。这时，你的发问证明你已经接受并开始执行任务，证明你已经经过分析，做好准备去执行任务了。而且，你经过分析而提出来的疑问，恰恰也是包括上司在内的所有员工的问题。

从你一针见血的问题中，你的上司会看到你的分析能力，以及你丰富的工作经验。其实这些你的同事都有，甚至比你更多。但上司只看到你，是因为你抓住了问题的关键，不被其他无关紧要的事情影响而迅速进入思索状态。

做到这一点，你就能让上司的眼睛一亮。在上司眼中你就是比别人强，你就是众人之中的佼佼者！

一天，经理召开了促销会议："今天是星期一，在星期天之前，必须把库存的四百箱绿茶都卖出去！"

促销员们都纷纷摇头表示不可能……还有的促销员算起了账："一箱绿茶十二瓶，四百箱就有四千八百瓶！好家伙，一天要卖出八百瓶！"

这时，促销员邓成问经理："有没有礼品馈赠？促销点设在哪里？产品宣传由谁设计？"

大家纷纷静下来，竖起耳朵等待经理的回答，因为这几个问题可是促销的关键！经理用赞许的眼光看着邓成说："公司确实安排了礼品。礼品是环保袋和水杯，销售点位于学校、商场等地。既然你提出了问题，那产品宣传以及这次的促销任务就由你来负责吧！"

会议结束，邓成马上查找资料，积极进行准备工作。一周之后，绿茶虽然还是没有全部卖出，但也所剩无几了。

邓成的分析能力和工作态度给经理留下了深刻的印象，他的宣传设计和促销成果也使经理大为赞叹。不久后，邓成就成了促销点的负责人。

邓成在接到任务时，没有像其他促销员一样，为任务的执行寻找困难。他马上接受任务，并开始思索促销的核心问题，找出解决促销困难的关键，然后及时向经理发问。

事实上，即使邓成没有发问，经理也会告诉大家公司确实安排了礼品。礼品是环保袋和水杯，销售点位于学校、商场等地。因为上司不会故意刁难员工，上司也需要业绩。

所以，对上司而言，邓成的发问虽然作用不大，但是却体现了邓成分析能力和业务精通程度，以及他果断执行任务的态度。

几乎所有的促销员都知道，礼品和促销点对销量的重要影响。但是在那一刻，他们都被看似难以完成的指标吓住了，只有邓成保持清醒、抓住关键，提出了解决问题的思路。那么，邓成的脱颖而出，直至走向成功，自然是顺理成章的了。

一分钟都不拖延

1935 年 2 月 26 日，红军在二渡赤水后，回师遵义，要二占娄山关，二夺遵义城。而贵州军阀王家烈派部队从遵义出发，企图在红军到达娄山关之前将其阻截。大约 11 点钟，红三军团司令员彭德怀得到这一情报。敌方部队距离娄山关还有两三千米的路程，为了抢先占领有利地形，彭德怀命令红三军团全速跑步前进。

结果，敌人没有跑过以行动神速著称的红军，红军比敌人早 5 分钟占领了娄山主峰。彭德怀率领部队登上了峰顶俯视遵义方向时，发现山北侧的敌军距离他们只有 100 多米远。随即，红军利用居高临下的地理优势，以雷霆万钧之势，向山下的敌人猛攻，打得他们抱头鼠窜。

在随后的几天里，红三军团和红一军团会合，一鼓作气消灭敌人两个师和 8 个团，取得了长征途中第一次重大胜利。

在长征途中，红军之所以能够在敌人的围追堵截之下夺关渡河，克敌制胜，关键的一个因素是行动神速，比敌人早几分钟占据战场枢纽，比敌人早几分钟到达目的地，比敌人早几分钟渡过河。一位红军将领曾说过：“我们不需要比敌人快很多，也许只需要一分钟。但是，早一分钟，我们就具有了优势。”

“兵贵神速”这一战略执行原则，为古今中外所有的军事家所推崇。在战争中，无论是寻找战机，还是采取行动，都要比对手抢先一步执行，使对方处于被动应战的劣势地位。

商场如战场，瞬息万变，机遇稍纵即逝。员工，作为执行企业竞争战略和战术的“士兵”，为了抢占先机，把握住机遇，在执行的过程中一定要提高速度和效率，像彭德怀指挥下的红军战士一样，“全速跑步前进”，才能做到不折不扣的执行。

然而，有些员工总是被动执行任务，更有甚者，接受任务后，不能立即行动，而是把工作往后拖延，凡事拖拖拉拉，他们擅长找出成千上万个理由来辩解为什么事情无法完成，而对如何高效完成任务想得少之又少。

执行任务的关键在于立即行动不拖延。执行不拖延是企业赢得市场、站稳脚跟的法宝之一。因而那些优秀的企业不允许自己的员工有丝毫的拖延。

在著名的埃克森·美孚石油公司，“绝不拖延”便是其公司文化之一。

有一次，总裁兼 CEO 李·雷蒙德和他的一位副手到休斯敦一个区的加油站巡视，当时是下午 3 点，李·雷蒙德却看见油价告示牌上公布的还是昨天的数字，并没有按照总部指令下调油价。他十分恼火，立即让助手找来了加油站的主管约翰逊。

远远地望见这位主管，他就指着报价牌大声说道：“先生，你大概还熟睡在昨天的梦里吧！要知道，你的拖延已经给我们公司的声誉造成很大损失。因为这个加油站目前收取的单价比我们公布的单价高出了 5 美分，客户完全可以因此在休斯敦的很多场合贬损我们的管理水平，并使我们的公司传为笑柄。”

意识到问题的严重性，约翰逊连忙说道："是的，我立刻去办。"

看见告示牌上的油价得到更正以后，李·雷蒙德面带微笑说："如果我告诉你，你腰间的皮带断了，而你却不立刻去更换它或者修理它，那么，当众出丑的只有你自己。"

其实，无论是公司还是个人，拖延的习惯都会带来严重的伤害。没解决的问题，会因为拖延而由小变大、由简单变复杂，像滚雪球般越滚越大，解决起来也越来越难。而且，没有人会为我们承担拖延的损失，拖延的后果可想而知。

比尔·盖茨说，拖延行事的人总是弱者。对于优秀的职员来说，工作需要的不仅仅是行动，还是立即行动。商机如战机，随时都可能消失，只有立即行动的人才能把握一切。

1954年的一天，雷蒙·克罗克驾车去一个叫圣贝纳迪诺的地方，他看到许多人在一间简陋的快餐店前排队，克罗克好奇地上前去看，原来是经销汉堡包和炸薯条的快餐店，生意非常红火。人们买了满袋汉堡包，满足地笑着回到自己的汽车里。

克罗克知道，快节奏的生活方式就要到来，这种快餐经营方式代表着时代的方向，大有可为。于是，他毅然决定经营快餐店。他向经营这家快餐店的兄弟买下了汉堡包、炸薯条的专利权。

克罗克搞快餐业的决策遭到家人及朋友的一致反对，他们说："你疯了，都50多岁了还去冒这个险。"

克罗克毫不退缩。在他看来，决定大事，应该考虑周全，可一旦决定了，就要一往无前，赶快去做，行与不行，结果会说明一切，最重要的是迅速执行。

克罗克马上投资筹建他的第一家麦当劳快餐店，经过几十年的发展，克罗克取得了巨大的成功。

当今是一个竞争激烈时代，竞争无处不在。不仅企业与企业之间进行着激烈的竞争，而且在企业内部、组织内部、团队内部的员工之间也进行着竞争。避免拖延的唯一方法就是立即行动。的确，立即行动有时很难，尤其在面临一件很不愉快的工作或很复杂的工作时，我们常常不知从何下手。人最容易也最经常拖延那些需长时间才能显现出结果的事情，因此不论事情大小，都不要放任自己无限期地拖延。拟定一个复命的期限，给自己加压，并让身边亲密的人都知道这个期限，让他们监督我们如期完成。

如果你觉得工作很复杂，会导致拖延，不妨先把工作分成几个小部分，分别详列在纸上，然后把每一部分再细分为几个步骤，使得每一个步骤都可以在规定时间之内完成。

接到新的工作任务，就立即行动。诸如“再等一会儿”“明天开始做”这样的想法，一刻也不能在我们心里存在。马上列出自己的工作计划，从现在开始，立即行动吧！如果别人用两天才能完成的任务，你一天就可以“搞定”，那别人就没有理由说你不是优秀的，老板也没有理由不赏识、器重和提拔你。

第七章　控制自己，离拖延远一点

很多时候，我们不得不承认人的意志力是薄弱的，在某种状态下容易拖延。就连那些通常能做到自控的人，在特定时刻也会拖延。拖延会带来罪恶感和挫败感，如果不加遏制，会使人无法自拔，陷入恶性循环。所以，我们应该加强自控能力，用自控力去克服拖延。

自控力不够，拖延就不离开

明代钱鹤滩写的《明日歌》：“明日复明日，明日何其多。我生待明日，万事成蹉跎。”说的就是拖延心理。在现实生活中，总有一些人喜欢把今天的事情放到明天去做，明天的计划拖到后天去执行。有了想法不去实现，而在行动上一拖再拖，这是典型意志力不坚定导致自控能力下降的表现。

为什么有人能获得成功，有人却注定失败，往往都是拖延心理导致。成功人士有很多优秀的品质，他们意志力坚定，能控制自己坚持不懈地努力，做事也绝不会拖拖拉拉。而失败的人纵然有崇高的理想和一腔热血，但却不去控制自己付出行动，即使成功就在前方，也会与它擦肩而过。

记得有一个《寒号鸟》的故事是说寒号鸟羽毛美丽，歌声嘹亮，就是不够勤奋，它看到别的鸟类都为冬天准备粮食、垒窝时，自己却不着急。冬天一眨眼就到了，其他动物都在窝里感受温暖，只有寒号鸟在凄冷的寒风中哀叫：“哆啰啰，哆啰啰，寒风冻死我，明天就垒窝。”可是每当第二天太阳出来，温暖地照在它身上的时候，它就又忘了夜晚的寒冷。寒号鸟日复一日地拖延，终于有一天春天来了，其他鸟类都出来拥抱温暖的大自然，而寒号鸟早被冻死在外边了。

鲁迅先生说："伟大的事业同辛勤的劳动成正比，有一分劳动就有一分收获，日积月累，从少到多，奇迹就会出现。"然而寒号鸟只知道拖延，不付出辛劳，奇迹自然不会降临到它的身上。拖延是一种态度，也是一种习惯。当你习惯了拖拖拉拉，纵然能让自己一时轻松，却会为日后带来更为沉重的负担。

自控力差导致的拖延会使人们在工作、学习或生活中受拖延之苦，对人们计划的执行和任务完成都造成很大负面影响。网上有一张有趣的暑假时间和暑假作业完成量的函数图，学生们把暑假四分之三的时间花费在玩上，只有最后四分之一的时间用来完成暑假作业。而且在这有限的几天时间内，他们还是一拖再拖，直到开学前最后两天，才会拼尽全力写作业。学生们肯定会想，只要作业写完了就行，至于早几天和晚几天根本没有区别。但是他们这种想法完全是错误的，拖延完成作业给他们带来的负面影响就是作业质量下降。

心理学家对拖延心理做了多项研究，其中一项研究了拖延心理对任务完成质量的影响。实验人员以大学生为被试者，将他们分为 A、B、C 三个班。这些被试者都需要在三周之内完成三篇论文，交付时间不得延期，只不过实验人员对每个班级交代的方式不同。对于 A 班，实验人员告诉他们可以在三周的最后一天交三篇论文；对于 B 班，实验人员告诉他们要安排每篇论文的上交时间，将时间上报；对于 C 班，实验人员告诉他们每个周末都要交一篇论文。等学生们交上论文后，实验人员对这些论文进行评分，结果发现，三个班中论文写得最好的班级是 C 班，最糟糕的是 A 班。

通过实验可以看出，A 班可以在最后一天交上三篇论文，而且不在完成时间或进度上做任何规划，这样他们在三周时间内可以尽情放松，把写作任务都堆到最后几天。因为急着赶工，不能对论文每个步骤进行深入思考，所以写出来的东西禁不起推敲。而 C 班被告知每周末交一篇论文，首先帮他们把一项大的任务分成了三个小任务，这样学生能进行规划与统筹安排。即使他们也会拖延到周末最后一天去执行，但一次赶制一篇论文总比一下赶制三篇来得轻松，自然就能写得更好。

美国石油大王洛克菲勒曾经说：“不要等待奇迹发生才开始实践你的梦想，今天就要开始行动。”无论你拖延或是不拖延，事情都在那里，不会随着时间的流逝而减少。既然我们早晚都要完成这些事情，为什么不早点做完呢？拖着不做只会让任务越积越多，并且不能做得精细。而早点将计划付诸行动，才能品尝到美味可口的果实。

要想用坚定的意志力约束自己按照计划完成任务，就需要与拖延心理做抗争。只有提高自控力，打败拖延，才能更好地完成任务。那么，怎样才能提高自控力，摆脱拖延困扰呢？

如果我们需要在一段时间内完成一项工作任务，可以先将整个任务分成几个小部分，记录每天需要完成的任务量。每天完成一些，感觉很轻松，日积月累任务总量就够了。你还可以在心里“欺骗”一下自己。虽然工作完成时间是一个星期，但你可以在心里对自己说：“还有三天就要上交任务，一定要抓紧时间完成。”当你给自己造成一种急迫感，就不愿再耽误时间了。

此外，你还可以靠奖励的方式帮自己打败拖延。每次及时完成任务，就给自己买一个喜欢的东西，这样也能增强行动的积极性。

不要给自己找借口

每个拖延发生之前，都会有一个冠冕堂皇的借口。虽然我们都知道那些借口是糊弄人的，不过是为了掩饰自己的拖延行为，但还是忍不住为自己的拖延行为找借口。因此，克服拖延的第一步，就是不要使用那些借口。

第一，不把忙碌当成拖延的第一个借口。上班族的一个借口是：忙！“我工作太忙了，没时间陪家人。”“我最近很忙，不能去锻炼了。”无论什么事情，只要你说工作忙，基本不会招来反对意见。而这个理由最方便。在工作中，谁知道你是不是真忙，不忙也可以说忙。只要你不想做事，就可以说：“我忙，没时间。”

还有人为了能名正言顺地说自己忙，干脆瞎忙，每天摆出一副忙得不可开交的样子。不是打电话就是发邮件，要是你耽误他一点时间，他就会不停地看表，告诉你他的事情还有很多。

当你想用拖延说服自己不去做某件事的时候，稍微停顿一下，问问自己，真的忙到这种程度吗？是否可以抽时间锻炼一下身体、陪伴家人和孩子？事情不是一下能做完的，各种责任都要兼顾。

第二，不要以累或不舒服为借口，拖延做事。人们都知道一个健康的体魄有多么重要。因此，你说自己太累或者说自己不舒服，当然不会有人再强迫你做事。可是对拖延者来说，他前一刻告诉我们他太累了，可后一刻，你就能看见他生龙活虎地在做自己感兴趣的事情。这就像是装病不想上学的孩子，他们声称自己不舒服，不能去上课，可待在家里玩一天电脑游戏也不成问题。

如果没有人监督，你会说自己太累了，而不做该做的事情吗？当你拖着事情不做的时候，是否在忙其他的呢？我们并不是把人当成铁打的，而是如果你为了拖延某事才这么说，那可要警惕自己的拖延动机了。

第三，不要以为时间多的是，而把事情拖到最后一刻。做事不慌张的人，让人感觉神闲气定，招人羡慕。有些人面对什么任务都不急不火，并不是由于自信，而是因为他们根本没把这个任务当成一回事。只要还能拖，就坚决不做。

每个月需要上交的报表，有人是每天做一点，当天的业务，当天就会录入工作报表。而有人则会说，那是月底的事情，月底再做就行了。可是谁知道月底那几天还会有什么突发的事情，如果不巧赶在月底那几天你感冒了，可能要着急上火身体又很难受地对着电脑和手工台账赶时间做报表了。

不要以时间还多为借口，只要今天还有时间，就把未来需要完成的任务做一部分，这样每天下班的时候，你的心情都会轻松很多。

第四，不要说自己在做一件更重要的事情，而把该做的另一件事情搁浅。这种借口也很常见，为了不做那些让你感到厌烦的事情，你宁可做另一件喜欢的事情。很多学生上学的时候偏科，在准备期末考试的复习中，他们总是把不喜欢的科目放在最后，先复习自己喜欢的科目，最后仓促地浏览一遍不喜欢的科目，或者干脆不看了。这样一来，本来感兴趣的科目成绩就不错，现在是好的更好了，差的也更差了。

一件事情如果真的那么重要，自然应该先做。可你每次这样说的时候，需要问问自己，你说的是真的吗？放在前面复习的科目为什么就重要呢？即使你讨厌数学，可它是必考科目，而你又不擅长，是不是应该提到更重要的位置上来呢？

拖延者为自己找借口的本领非常强，有时候，你会听到理直气壮的声明："不，我就不想做！"他们已经发展到不用掩饰，而是赤裸裸地拖延了，就连责任也不能约束他们。

如果你有拖延的毛病，可千万不要发展到那一步，还是看看身边那些从不拖延的榜样，他们是怎样协调好各种事情的，为什么能轻松地完成各种任务？我们的目的是摆脱拖延，让自己把生活和工作安排得更轻松、合理，而不是整天"自己跟自己打官司"，整天告诉自己"这个理由可以让我不做事"，到头来，什么事情都没解决好，一切都让人感觉糟糕透了。

切断干扰，远离拖延

信息时代，智能手机已经进入生活的方方面面，每个人除了可以利用手机打发碎片时间，其他诸如购物、社交，甚至工作都可能需要用到手机。人们每天使用手机的时间越来越多，那么，你每天花多少时间玩手机呢？

特恩斯市场研究公司（TNS）是一家全球性的市场研究与资讯集团，他们最近的一项研究显示，全球16—30岁之间的用户每天使用手机的时间平均为3.2小时，而中国手机用户的平均使用时间为3.9小时。在TNS的调查结果中，中国用户每天使用手机的平均时长仅次于泰国的4.2小时，位列全球第二。换而言之，大部分中国人，每天24小时，除去睡觉的8小时和吃饭的2小时，其余的14个小时里，除了工作时没空玩手机，剩下的时间有接近4个小时在使用手机，几乎占到了所有剩余时间的一半。

那么，人们每天用手机都在干什么呢？调查结果显示，使用社交网络和观看视频分别以46%和42%的比例占据使用频率的前两位，而在线购物以12%的比例位列第三。刷刷朋友圈，看看微博，逛逛淘宝、京东等，这些基本上是手机使用频率最高的行为。

13 岁的小松刚上初中，为了方便他更好地学习，父母为其添置了电脑，主要用于查资料。平时小松只是在学习之余才上上网，大部分时间都用于学习。

不过，近一段时间，小松用电脑的频率比较多，经常是一回家就躲进家里的书房，一个人玩电脑。刚开始，父母还以为小松只是用电脑在学习，也没多注意。

后来有一次，父亲无意间经过书房，打算看一下小松的学习情况，推开房门才发现小松根本没有在学习，而是在玩游戏。父亲十分生气：“小小年纪不学好，玩什么游戏，这会让你成绩直线下降的。”小松很无辜地看着父亲，说：“可是班里的同学都在玩，他们天天谈论的都是游戏里的角色，我发现自己根本插不上嘴，我也是受他们影响，而且好多同学都会直接带手机去学校里玩，我只是晚上玩一会儿。”父亲当即打电话向老师了解情况，这才知道，不仅初中生，连小学生都陷入了这款游戏的诱惑之中。面对这样的环境，父亲表示很无奈。

其实，把花在手机上的时间拿出来关注自己，你会得到更多，努力工作你会得到报酬，多点时间关心身边的亲人，你的生活会更温暖。何必拿着冷冰冰的手机，只知在朋友圈关心、关注那些你压根就不熟的人，而放任亲人在身边不闻不问，让亲情渐渐淡薄？

你是否有计算过自己每天花了多少时间来刷朋友圈？当现代社会的电子产品更新越来越快，社交网络越来越发达，越来越多的人成为“低头族”，吃饭时刷朋友圈，走路时也刷手机，上厕所时手机似乎比手纸更重要。那么，你每天花在手机上的时间有多少呢？一小时？两三个小时？三五个小时？还是五个小时以上？

有人甚至说，手机是现代人唯一离不开的东西。每天起床后，都会随手打开手机，点开微信朋友圈去看动态，一条一条往下翻，看到朋友的动态随手点个赞，看到有意思的内容再评论一下。刷着手机，可能半个小时很快就过去了。因为总是玩手机，所以人们产生了一种错觉：玩手机时间很快就过去了，而上班时总感觉时间好难熬。

现在有很多人玩手机上瘾、刷朋友圈上瘾，每天有空时就去刷朋友圈，有些人甚至在工作时也会去点开看一下。其实很多时候别人并没有更新动态，刷了几次还是那几条；但自己就像着魔一样，总是想去看看。

手机的高频率使用，导致一大批手机游戏滋生。平日里喜欢在电脑上玩游戏的人，开始将注意力集中在手机上，毕竟比起电脑而言，手机更便于携带、更便利操作。于是，人们花了更多的时间在手机游戏上。

曾有脑科学方面的专家对此进行研究后表示，每天长时间刷朋友圈会严重分散人的注意力。研究显示，脑的前额叶处理问题的习惯倾向于每次只处理一个任务。多任务切换，只会消耗更多脑力，增加认知负荷。因此，有科学家相信，这种“浅尝辄止”的方式，会使大脑在参与信息处理的过程中变得更加“肤浅”。美国学者甚至以“最愚蠢的一代”来讽刺信息时代的低头族们。

1. 多运动，多交朋友，丰富生活

在闲暇的时候，多进行瑜伽、打篮球、跑步以及深呼吸等活动，多交一些朋友，让生活变得充实，同时也可以放松身心。不要让自己的生活太无聊了，当一个人无聊的时候，就会不断地用手机来填补空虚感，好像手机是自己获取外界信息的唯一通道一样。

2. 减少看手机、用手机的次数

下意识强制自己每几个小时才去查看一次手机。如果必须随身携带手机，就把手机放在包里，并强制自己不要频繁打开包查看手机。长时间使用手机会形成一个习惯，想要改变习惯，需要一定的强制性才能达到效果。

3. 彼此提醒少用手机

其实很多人之所以使用手机的时间那么长，就是因为他们的周围充斥着“低头族”，而他们自己也不明白用手机的确切目的。在手机上，他们打开微信、打开微博、打开百度，就这样一个一个看下去，漫无目的，最终时间过去了，也不知道自己看了些什么。在生活和工作中，你可以与身边的亲朋好友彼此协商好，让对方监督并提醒你。比如，在你使用手机时间过长时提醒下，在一些场所提醒你不要使用手机等。

4. 删除不常用的程序

有的人在手机上装了很多 APP 应用，有购物、旅行、理财、游戏、微信、QQ 等。手机上装的应用太多，会影响手机的运行速度，而商家的推送信息则会干扰我们的注意力。对于手机上一些不常用的应用，可以删除，这样既可以腾出内存空间，还能够减少干扰，何乐而不为呢？

5. 别把手机放在床头

很多人早上睁开眼睛的第一件事情就是看一下手机，看看朋友圈有没有更新等。每天晚上睡觉之前，很多人也要看手机，但这样不仅伤眼睛，还会影响睡眠质量。

6. 找其他东西代替手机

不要一遇到问题就想到手机，也许有其他更好的方法，要去寻找、去尝试，以此减少对手机的依赖。比如，在上班路上可以选择以看书代替玩手机，拍照的时候可以用数码相机代替手机。

7. 坚持每天写日记

记下每天使用手机的时间和目的，这样可以让自己真正了解整天拿着手机是在做什么。也可以写一些你认为有意义的事情，让自己多发现身边的人和物，这样不仅可以戒掉手机瘾，还可以扩宽自己的视野，并且能够锻炼自己的语言组织能力和表达能力。

拒绝所有没必要的事

有时候，我们因为不好意思拒绝别人，就随意答应别人的请求，后来又因为自己没有能力做到而失信于人，我们就会自责、自卑，为颜面尽失而后悔不已。这会引起个人自控能力的下降，助长拖延的坏习惯。

奥林科技公司数据部的前主管是个无力拒绝别人的人，下属都称他为老好人。只要下属在工作中碰到难题，大事小事，只要找他办理，他有求必应。他在管理期间，虽然把部门事务处理得还算妥当，但总是没有什么较大起色，所以公司任命张凯为新任数据部主管。

张凯对改变部门状况十分有信心，当他满怀热情上任的第一天，部门助理就对张凯说："主管，我有一份报表不会做，你能帮我做吗？"张凯听到助理的请求感到很诧异，因为这些事情根本不是主管应该干的。他本来十分生气，但是转念一想，自己第一天上班，别因为一点事情伤了和气，于是就对助理说："真不好意思，我现在有很多事情要处理，实在很忙，等我忙完这一阵，再帮你处理报表吧。"助理一听张凯这样说，只好回去自己做了。因为张凯只是说过了这一阵再帮助她，具体需要多长时间谁也不能确定。而且助理的报表是急着要的，哪里能等一阵时间。张凯用这样的拒绝方式处理了很多下属的请求，时间一长，下属有事都能尽量自己处理，不再麻烦主管。每个下属的工作能力得到了提高，部门业绩也有了很大提升。

张凯这种处理方式，既拒绝了别人，也不会让别人心生抱怨，这是合理的拒绝之道，也是自控力高的表现。如果他像前主管一样对别人的要求有求必应，不但放纵自己，也放纵了他人的行为，就很难帮助公司改善现状。但是，张凯能谨慎控制自己的言行，既不得罪他人，也能让下属在不知不觉中提高个人能力。可以说张凯用强大的自控力约束自己的同时，也帮助下属提高了工作中的自我控制能力。

其实，很多人一直在浪费时间，被没必要的事情冒出来"喧宾夺主"，让该做的事情拖延下去了。数一数自己一天做了多少没有意义的事情，上网浏览了多久没有意义的信息？同学聚餐是每次都非去不可吗？这些事情都是必要的吗？有些事情，既不是你喜欢的，也不是必要的，那么你就要拒绝它们，以便把精力花费在有意义的事情上，克服拖延症。

想一想，在生活和工作中，有什么事情是需要拒绝的呢？至少有几类事情需要拒绝。

1. 没有意义而浪费时间的事情，必须拒绝

你的生活中有多少事情是没必要的？一些事情不仅仅是消耗了你的时间，而且它不是让你进步，而是拉着你往下滑，怎么可以长期这样下去呢？如果你正准备考研，积极为迎接考试做准备，而一些同学成立了学习小组，邀请你加入。可你去了才发现，他们除了谈天说地，针对一个问题讨论半天，剩下的时间就是吃饭，这样的事情你还要参与吗？你当然可以果断地拒绝，他们不是要跟你共同实现考上研究生的目标，而是让你

浪费了复习功课的时间。

一个拖延者，常常分不清事情的重要和必要程度，结果导致浪费了时间而没有收获。你需要做的事情是，分清楚自己需要什么，不需要什么，明确地判断出浪费时间的事情，并将它们从你的生活中踢出去。

2. 拒绝习惯性的无意义的行为

有时候，我们不是为了明确的目标在做一件事情，而是因为习惯在机械地做事。有些上班族，上班后的第一件事是看新闻。并不是他有多么需要了解时事，而是习惯打开电脑就机械性地开始浏览新闻。这是一种无意识的冲动，跟自己要做的事情完全没有关系，为什么还要那么做呢？对这类事情，必须说不。有些家庭主妇，开始做饭，就觉得厨房不够干净，一边做饭，一边整理厨房，结果每次做饭都要拖拉很久。如果先做好饭，再整理不是更好吗？

3. 不做老好人，懂得拒绝

在生活或工作中，总有些人喜欢给你添麻烦，本来不是你的事情，但是他们非要你帮忙。当然，我们知道助人为乐是优秀的品质，可是人们都把事情推给你的话，你还能有时间做自己该做的事情吗？你必须告诉自己不能做老好人，那样你将失去自己的很多时间，最后导致自己的事情被一拖再拖。如果有人拨打 110，只是要警察去帮忙买早点，那这个要求人民警察该答应吗？人民警察要为人民服务，可是他们还有更重要的职责——那就是保护人们的生命和财产的安全。因此，警察必须拒绝去买早点的请求，这样才能保证不耽搁正常出警，保护人民群众的安全。帮忙需要有一个限度，你有权利拒绝没有必要的帮忙。

4. 对网瘾说“不”

大概网瘾是目前最浪费时间，也最容易上瘾的事情了。网络游戏、小说、电视剧、八卦新闻、社交网站、网购等等，对不同的人形成不同的诱惑。手机、电脑随时随地都会让你浪费一些时间。你必须对这些说不。

你的电子信箱里每天都会进入大量的邮件，很多都是广告垃圾邮件。没有必要每隔一会儿就看一眼，每天用固定的时间处理一下，就足够了。

网络上有很多诱人的东西，网络新闻的标题变着花样吸引我们的目光，更不用说游戏广告和网购的广告了。沉溺于网络，会让人消耗大把的时间，而一旦成瘾，就会让人在该做的事情上开始拖延。为了让自己的精力不被互联网分散，斯坦福大学的劳伦斯·莱斯格教授做出了一个重要的决定：每年中都关掉自己的网络一个月，连打电话的次数也尽量减少。每当他需要集中精力的时候，就会拔掉网络线路，让自己安静地工作。

你也可以像他这样做，但大多数人会提出反对意见，“那我可能要错过一些重要的事情了！”真的有那么大的事情，需要网络来解决吗？如果你觉得一个月，确实会耽误你一些事情，那么几个小时呢？或者每个月的某几天怎样？你可以试试在晚上下班后，不开电脑，不玩手机。这样解除了断网的焦虑感后，每个月选出适当的几天，给家里断网。

拒绝以上几类事情，仅仅是一个开端，更重要的是，你需要对自己的事情做出更深的思考，你的生活中应该有什么，应该没有什么，当你制定了自己的标准之后，你的拖延就会逐渐减少，并能够在生活上获得更大的自由。

想好就立刻行动

想和做是有差别的，别人做和自己做也是有差别的，而主动做和被迫做同样是有差别的。

有两个年轻人甲和乙，他们来到了一片空地上。甲在地上画了一个圆圈，嘴里说着：“我要在这里种树。”乙并没有像甲那样说他要种树，而是拿来一把铁锹开始在地上刨坑。“我要在这里种树！”“我要在这里种树！”……甲继续在地上画圆圈。此时的乙正在把树苗放在树坑里。

“我要在这里种树！”“我要在这里种树！”“我要在这里种树！”……甲还在地上无休止地画着圆圈。这时，乙提来水浇灌着已经发芽的小树。

“我要在这里种树！”“我要在这里种树！”“我要在这里种树！”“我要在这里种树！”……在地上画满了大大小小圆圈的甲终于累得倒在地上，猛一抬头却发现乙的大树已经枝繁叶茂，而此刻的乙正在树下悠闲地乘凉。甲回头看着自己画下的满地的圆圈，不禁低下了头。

纵观古今很多的成功人士，他们都是在经过努力行动之后而有所成就的，就像乙君。但世上也不乏像甲君式的空想的人，最终的结果只能是失败。

很多人总是想得快，做得慢；总是想得多，做得少；总是想得很好，做得很差。所以，理想总是和现实有差距，行动总是远远滞后于思想。为什么做得很慢？因为总是在想做得很好。为什么做得很少？因为没有去想做得很快。为什么做得很差？因为律己不严。

再看我们身边的一些人，有的人成了企业家，有的人成了政府官员，然而有的人则成了无所事事的流浪汉。他们是同学校友，在步入社会的初期，都在同一条起跑线上，然而今天的他们却有了如此大的差别。究其原因，并不是因为成功者聪明，也不是因为无所事事者太笨，只是在于他们有没有去认真地做一件事。

凡事都有一个想和做的过程，不管你的想法有多好，不管你的理想有多高，如果不去做，如果不为理想去干些实际性的工作，那就只能停留在原地。

想是一回事，而做又是另一回事。成功的人与失败的人的区别在于：成功的人敢想敢做，失败的人只想不做甚至不想不做。

俗话讲："是骡子是马，要遛遛看。"凡事常常是"不试不知道，一试吓一跳"。为什么呢？因为想和做之间有着一定的距离，不做便不可跨越。

香港录像带大王颜炳焕个人资产逾6亿港元，自认半生奋斗得益于"勇于尝试"。颜炳焕于1951年生于福建农村，1960年随家人来到香港。

颜炳焕的祖父和父亲都是小生意人，他受家族营商气氛感染，中学未毕业已跃跃欲试要做生意。他回忆当年的情形时说：

“那时根本不知道生意是什么，只有一股年轻人的盲目冲动。1968年中学毕业后，也不考虑升学，便急忙干自己朝思暮想的猪皮买卖。那时，真的是异想天开，想把猪皮、虾片等打入菲律宾市场，由于根本不了解市场需要，很快便一败涂地。”痛定思痛，颜炳焕想着还是先见见世面为妙，于是应聘去做电子计算机推销员，这段生涯给了他极大启发：“那时，推销员没有底薪，实行的是佣金制度。我每天拿着几台计算机样本，坐电梯到商业大厦的顶楼，然后逐层而下，逐户拍门推销。永远不能预知那天有没有生意，只知不拍门便没有生意，而拍门则要不怕碰钉子，这令我养成勇于尝试及不怕失败的心理。”干了半年后，他返回父亲的贸易公司打工，负责订购汽车零件，因为常要往外国跑，使他眼界大开。他发现东南亚翻版录音带十分流行，而香港则是全世界廉价录音带的最大产地。他立即转做录音带贸易，一下接了新加坡10万盒录音带的订单。不料，却因品质不合规格而被全部退货，颜炳焕受到深刻教训。1977年，他自己设厂生产录音带，向美国和马来西亚出口，但干了几年发觉生产廉价录音带难以大发，遂于1981年迁厂福建，交给亲戚打理，自己则猛跑欧美国家，钻研录音带市场。1982年，他说服家族筹借300万港元，给他设厂生产录音带，并得到日本VHS录像带的特许生产权，因顺应了消费者追求高质产品的形势，一举打开销路，生意飞速发展，1985年营业额为2100万港元，1986年达4600万港元。

随后，他又赴英国北部、马来西亚设厂，据他说：“英国及马来西亚政府均鼓励外资的高科技投资，除提供厂房及税务优惠外，当地银行也乐意支持，是难得的拓展机会，而且产品标明在英国制造，更易打入欧洲市场。马来西亚的产品则可享有美国普及特惠关税优待。”1989年，其公司成为上市公司；1990年投资5亿港元收购讯科国际，业务拓至电视机生产；同年，他荣获1990年“香港青年工业家奖”。

生活中，我们不能因为想和做的差距而不去实现理想。事实上，事情一次做不好，尽可来两次、三次乃至百次、千次，所谓“失败乃成功之母”，结果总会渐渐接近理想境界的。人类之前有许多不可思议的梦想、幻想，许多年后的今天不也变成现实了吗？人类在数千年以前想像鸟一样自由地飞翔，也有很多人亲身尝试过，为此付出生命的也不在少数，如今这一梦想不是早就实现了吗？当初，人类想象着火星的神奇，编写了许多与火星相关的幻想故事，如今不会有人怀疑，人类在不久的将来可能会登上火星。所以，想到了，就要努力去做到。

抱怨不如动起来

英国著名作家奥利弗·哥尔德斯密斯曾说：“与抱怨的嘴唇相比，你的行动是一位更好的布道师。”面对生活里的一丁点不如意，人们最普遍的习惯是抱怨，不停地抱怨，抱怨父母不理解，抱怨社会太现实，抱怨朋友的欺骗，于是，抱怨成了一种习惯。然而，那些不如意的事情、悬而未决的事情并没有得到真正的解决，自己的情绪反而因为抱怨而陷入了恶性循环，这就是抱怨所带来的负面影响。我们所生活的世界每天都在发生变化，关键的是，我们自己给这个世界带来了什么样的变化？

从前，有一位年老的印度大师，在他身边有一个喜欢抱怨的弟子。有一天，印度大师让这个弟子去买盐，等到弟子回来后，大师吩咐这个喜欢抱怨的弟子抓一把盐放在一杯水中，然后喝了那杯水，弟子按照师父的吩咐一一做了，大师问道：“味道如何？”龇牙咧嘴的弟子吐了口唾沫，说道：“咸！”

大师一句话没说，又吩咐弟子把剩下的盐都撒入附近的一个湖里。听从师父的吩咐，弟子将盐倒进湖里。大师说：“你再尝尝湖水。”弟子用手捧了一口湖水，尝了尝，大师问道：“什么味道？”弟子回答说：“味道很新鲜。”大师继续追问：“那你尝到咸味了吗？”弟子回答说：“没有。”这时，大师才微微一笑，说道：“其实，生命中的痛苦就像是盐，不多，也不少，在生活中，我们所遇到的痛苦就这么多，但是，我们体验到的痛苦程度取决于将它放在多大的容器里。所以，面对生活中的不如意，不要成为一个杯子，老是抱怨，而要成为湖泊，去包容它，通过实际行动来改变自己的现状。”弟子若有所悟地点点头。

什么是抱怨呢？有人说这是一种宣泄，一种心理平衡，似乎抱怨可以将那些不如意的事情发泄出来。每天，每个人可能都会面对许多不如意的事情，如果只是一时抱怨，这还可以接受；但是，抱怨久了就会形成习惯，而抱怨的根源是对现实的不满意。

王小姐是公司负责企划案的经理，最近，她手头刚刚接了一个企划案，需要另外一个部门的配合才能有效地执行方案。可是，令王小姐感到苦恼的是，自己的搭档因为觉得所附加的工作量太多，不愿意去做，还责怪王小姐：“我最近都很忙啊，你拿这样的企划案来找我，真是没事找事。”王小姐心中一肚子怒火，忍不住找同事抱怨：“咱们都是为工作，我们行，她怎么就不行呢？”说着说着，王小姐发现自己的怒火越来越大，甚至一看见那位员工，心中的火气就“腾”地一下冒起来了。

不过，事情并没有解决，王小姐意识到这根本不能解决问题，自己需要沟通。她心想：抱怨毕竟只是发泄，解决不了问题，既然是为了工作，那就要对事不对人，我得找她沟通去。后来，王小姐找了一个机会把自己的意图跟工作中的搭档解释了一下，对方竟欣然接受了即使加班也要完成工作的要求。工作任务完成之后，王小姐长长舒了一口气，说道：“如果当初我继续抱怨下去，就会影响我跟她继续合作的情绪，工作肯定完成不了，看来，以后我得少抱怨多行动才行啊！”

有时候，我们在工作中会遇到一些人际麻烦，有的人的处理方式是跟其他人抱怨，这无疑是制造了一个“三角问题”：自己和工作搭档有问题，却和另外一个人去讨论这些事情。事实证明，一味地抱怨根本解决不了问题，改变事情现状最有效的方式是行动，只有行动才能改变事情。所以，请停止抱怨、放弃抱怨，立即开始行动吧！

从前，在魏国东门有个姓吴的人，他的独生儿子死了，可是，他看起来一点都不伤心，每天仍早出晚归的劳作。有人对此感到不解：“你的爱子死了，永远也见不着了，难道你一点也不悲伤吗？”那位姓吴的人却回答说：“我本来没有儿子，后来生了儿子，如今儿子死了，不是正和我以前没有儿子时一样吗？每天那些农活依然是我的工作，我又何必去忧伤呢？花费时间去伤心，不如将这样的精力投入到实际行动中来。”

1. 过分抱怨会令人丧失行动力

阿尔伯特·哈伯德曾说：“如果你犯了一个错误，这个世界或许将会原谅你；但如果你未做任何行动，这个世界甚至你自己都不会原谅你。”抱怨，它只是一种语言，而不是行动，当一个人过多地被语言困扰的时候，他会失去行动力。当然，将抱怨转化为动力，我们还需要拥有广阔的胸襟，只有看透了抱怨的实质，我们才有可能将怨气化为动力。

2. 行动比抱怨更有效

来到这个世界上，面对生活中的诸多不如意，我们只有两个选择，要么接受，要么改变。抱怨会成为我们改变这件事情的一个阻碍，我们总是想到：这件事对我是不公平的，这样的事情怎么会发生在我的身上呢？我怎么能接受这样的事情呢？由此，一种强烈的倾诉欲望开始萌发，我们要去对别人诉说，以此证明我们的无辜和委屈，于是，在我们抱怨的时候，我们已经失了去改变这件事的机会。当我们无休止抱怨的时候，为什么不去想想比抱怨更好的解决方法呢？

第八章　永别了，拖延症

拖延症已经成了大部分人生活中的难题，明明心里想着要快快把事情做完，偏偏身体一动不动。简而言之，大部分人都是思想上的巨人，行动上的矮子。想要克服生活中的拖延症，方法其实有很多，只要能坚持下来，就一定可以取得成功。

给自己做个计划

从古至今，但凡成就大事业者绝不会在行动上拖拖拉拉。因为他们知道时间不等人，今日事必须今日毕，明天还有更重要的事情等着自己。只有坚定自己的信念，并坚定不移地行动，才能做好每一件事。

成功者之所以能将每件任务的进展都控制在一定范围内，并非他们能力出众，才华超群，而是因为树立好目标后，会制订行动计划，并用意志力控制自己遵守计划。制订计划对于一个人走向成功至关重要，因为计划是打败拖延的一种方式。当你为一件事情制订了计划，就会感觉做事有了方向，更容易约束自己的行动。计划就像一个闹钟，当你设定好几点钟响的时候，它会及时给你提醒，当你长期按照计划做事，你会发现身体内形成一个准确的“生物钟”，它会对你的工作、学习或做其他事情起到积极的促进作用。

越王勾践为报亡国之恨，先向吴王进献美女和宝物，再在吴王身边服侍。他忍辱负重，卧薪尝胆，最后回到自己的国家休养生息，增强国力，等万事俱备，将吴国一举歼灭。勾践能报仇雪恨，离不开其坚持不懈的精神，但更重要的是，他在心里早已为实现目标制订了相应的计划。如果没有计划，人就会像苍蝇一样四处乱撞，即便有宝贵的精神，也不见得能成功。

有一个商人做了十几年的生意竟然失败了。一天他正在思考自己为什么会失败，一个债主就跑上门来要债。商人无奈地问："为什么我会失败呢？是我对顾客不热情，还是不够客气？"债主说："其实事情并不像你想象的那样。你的剩余资产应该也不少吧，完全可以重新再来。"商人听了他的话，有些气馁地说："从头再来怎么可以？"债主接着说："没有问题，你应该先把现在的经营状况列一张资产负债表，把它清算清楚，然后可以从头再来。"商人不解地问道："你意思是说，让我把所有的资产和负债项目仔细核算一下，列出表格吗？然后把地板、桌椅、橱柜、窗户都清洗干净，装饰一下，然后重新开张吗？"债主说："没错，你现在最需要做的就是制订计划，然后按照计划办事。"商人说："有些事情我很早就想做了，但却一直没做，或许你说得对。"

后来商人按照债主说的话去做了。他一直按计划去行动，到了晚年在生意上终于获得了成功。

做事有计划对于一个人来说，不仅是一种控制力，更是一种态度。态度好了，成功才更有希望。如果没有计划就去做事，在做事的过程中就会东一榔头，西一棒槌，最后乱了方向，就很难做出成绩。

在追求成功的过程中，如果我们不想做事拖拖拉拉，毫无目的，就应该制订计划，有了计划人才能更好控制自我。如果你想成为高级销售人员，不要再拖延，现在就应该研究产品、广积人脉、分析市场、学习更多销售课程；如果你想成为政治家，不要拖时间，立即学习演讲、学习写作、学习管理、掌握协调能力；如果你想成为某领域专家，不要拖延，立即专心读书学习、选方向、定题目、大量阅读、撰写论文。总之，计划能更好地约束你的行为。

哈佛大学机械制造专业的高才生史蒂芬之所以能成功加入美国一流的机械制造公司，是因为他是做事有计划的人。

美国维斯卡亚公司是著名的机械制造公司，这里工资待遇和福利水平都非常高，因此选择员工的标准也非常高。即便是美国名校毕业的高才生，也不见得都能成功进入这家公司。这家公司每年有一次对外招聘会，史蒂芬也像其他优秀人才一样出现在这里。尽管他准备充分，但还是被无情地拒绝了。斯蒂芬没有灰心丧气，因为他早就做好了打算，如果失败的话，他就请求人力经理让他留下来，只要能在这里工作，做任何事情都行，而且不收分文报酬。

史蒂芬的计划成功了一步。因为人力经理为公司利益考虑，留下了这个不收分文的小伙子。不过他负责的工作与机械制造无关，只是每天到车间打扫废弃的铁屑。史蒂芬白天在公司勤勤恳恳工作，为了生存晚上要到酒吧打工。这虽然很辛苦，但他没有忘记自己的初衷。

他在工作期间，借着到每个部门清扫的机会，仔细察看了公司各个部门的生产情况，并把它们一条一条记录下来。当他发现机械制造技术存在问题，花费了一年时间将大量数据统计了一遍，然后想办法，进行设计改造，这为他之后的成功奠定了基础。

史蒂芬终于等来了机会。有一阵，公司有很多订单因产品质量问题被退回，公司蒙受了巨大的经济损失。公司为挽救危机，召开了紧急董事会。会议进行了很长时间，人们也没想出解决的办法。正在这个时候，史蒂芬果断敲门进入会议室。他见到总经理后，对公司产品出现的问题做出了令人臣服的解释。他还对工程技术上的问题提出自己的改善意见。接着，史蒂芬拿出一张纸，上边是他自己画的机械改造图。这个设计不但保留了以前机械的优点，还解决了它的弊端。总经理和董事们看到这个方案，非常满意，无不佩服这个小伙子的精明。最后，史蒂芬被聘请为负责生产技术问题的副总经理。

戴尔·卡耐基说："一个人不能没有生活，而生活的内容，也不能使它没有意义。做一件事，说一句话，无论事情的大小，说话的多少，你都得自己先有了计划，先问问自己做这件事、说这句话，有没有意义？你能这样做，就是奋斗基础的开始奠定。"史蒂芬能在事业上取得成功，就是因为他无论做事大小，或有什么想法，都有自己的计划。按照计划，做足充分的准备，在关键时刻施展了自己的能力。

一个人要想把事情做好，就要为自己设定标准，尽可能把会出现的意外考虑在内，这样才有助于计划的进行。如果你要锻炼身体，就给自己制订一个计划。例如周一、周三、周五到健身房锻炼，周二、周四、周六就在小区附近散步。当你行为放松时，想到计划还没有实现，就能严格要求自己。这样一来，拖延自然而然就离你远去。

找到方法，攻克难关

我们学习的内容，并不是完全可以根据自己的喜好进行选择的。学习不是兴趣小组，喜欢就参加，不喜欢就不参加，难免会遇到自己不擅长也没兴趣的科目。

拖延者很容易放弃那些自己不擅长又枯燥无聊的学习科目，导致偏科。走上工作岗位的人，更会有这种体会，工作中需要用到的技能，也许正是自己的短板，但是也不得不硬着头皮学。

因为学习的畏难情绪，很容易就会造成学习拖延。但是，为了对自己的生活和人生负责，还是要想办法克服，做到不害怕，也不逃避。

在众多的方法中，对自己感到难学的科目最有帮助的就是借助于外力。

1. 上补习班

现在的培训机构非常发达，任何大中小城市中都分散着各类补习班，比如雅思班、公务员考试培训班、司法考试班、设计班等等。与其自己花费大量的时间自学，收获不大，不如去报个补习班，虽然会破费一些，但是会帮你节约时间并提高成绩。在这方面，中国的家长们最舍得投入，在北京，几乎每个孩子都要上一些课外辅导班。

李蕾想去外企做行政工作，不过那里对英语的要求比较高。

李蕾本来英语水平就不高，又好多年没用过了，学起来难度非常大。她本来想自学英语，还给自己制订了学习计划，可是在家学习的时候，总是看几个单词就学不下去了，最短期的学习计划也一直拖着完不成。于是她一狠心，报了一个英语辅导班，每周六、周日上课，平时自己练习口语。辅导班最大的好处，就是可以迫使她进入学习状态，尽快完成学习计划。终于在一年后，她进入了一家外资投资公司，当了一名行政人员。

虽然补习班并不能保证让你学有所成，但是它胜过孤军奋战。补习班能提供一个合适的环境。在一个特定的学习环境中，有老师的指导和约束，有同学共同学习的气氛，这些都会促使人集中精力学习，能更好地克服自学时的拖延。

2. 请家教

如果有条件的话，可以为自己请家教。这个方法特别适合于外语学习。一对一的辅导能更有效地利用时间。虽然没有了补习班的学习环境，但是家教的监督更加严格，在强制性上更有效果。

3. 向别人请教

如果没有条件上补习班或者请家教，就要懂得请教。任何学习都能找到志同道合者，他们就是你最好的请教对象。很多准备考试的人，会在网络上找到跟自己参加同样考试的小组，一些论坛或者 QQ 群，里面的人可能会分享一些学习方法和学习资料，可以和他们多进行交流。有时候，跟别人的交流也是对自己的一种监督，当你看到别人努力学习，总是有进步的时候，自己心里就会产生紧迫感，这样一来，也能有效克制自己在学习上的拖延问题。

考试与面试拖不得

不管是学生还是上班族，都免不了要面对考试，大到高考小到面试，每次考试都可能是关系到自己命运的事儿。拖延者在面对考试的问题上，不是拖着不复习，匆匆“裸考”，就是干脆能躲就躲，不参加考试。还有一种拖延表现在考场上，就是不能认真答题，应付了事，我们干脆叫它考场拖延好了。

考试不会突然自行消失，我们能做的是认清自己在哪方面拖延，并找出克服或者应对的方法。你需要问自己几个问题，好确定自己的问题出在了哪里。

考试前复习了吗？距离考试多久开始复习的？

考试迟到了吗？是因为不想考试，根本没有重视考试时间吗？

你在考场上，是认真作答的吗？有多少题目没有认真对待？

你在面试前，做了相应的准备吗？

1. 明明知道要考试了，就是不肯看书

那些考试前拖着不复习的人，大致有两类。一类是对考试不重视，他们觉得考试没什么大不了，考不过又能怎么样。其实从根本上来讲，他们并不是不重视考试，而只是为自己拖延复习找借口罢了。如果真的不重视的话，干脆不考就好了。还有一类是对考试过于重视，考试给了这类人很大的压力，导致他们过分焦虑，无法集中精力学习，复习也因此而拖延。

2. 临考试才发现什么都不会，干脆不考了

一些人没有参加考试，他们会说，“起晚了”“堵车了”“我在出差”等等，这不过是借口，这些人中大多数并没有为考试做充分准备。另一些没有参加考试的人则说“我根本考不过，还是不考了”“我完全没有复习，还是下次吧”，这些更为直接的话里，能反映出事情的真相：不考试是没有复习。那没复习就是因为拖延症了。

3. 考场拖延

在考场上的几个小时里发生拖延，是非常难受的事。可能仅仅因为一开始的听力没有发挥好，就乱了阵脚；可能是遇到了一道怎么也想不起来答案的熟悉的题目，引起了焦虑；可能是对作文的题目没有把握；还可能是考试前发生的一点小意外……在考试中，我们没法集中精力做考试题，而是心脏怦怦地乱跳，心想“完了，完了，这次考砸了”。这种情况下，心情焦虑又无计可施，只能看着时间一点点溜走。

针对考场拖延，主要应该做好心理调适，让自己冷静下来。你需要戴一块手表，如果时间来得及，最好让自己的大脑放空片刻，闭上眼睛片刻，10 秒或者 20 秒都可以，将前面影响情绪的事情暂时搁置一旁，整理好心情，继续答题。焦急下去，只会影响发挥，而不会起任何好作用。

4. 面试拖延

上班族跳槽的频率越来越高，几乎每年春季都是跳槽的高峰期。如果打算换工作，就要提前准备。毫无准备的面试，并不会带来好结果。一些拖延者，以为只要自己想换工作就会得

到好机会，对面试环节不重视、不准备。还有一些拖延者，明明知道自己不准备的话就很难通过面试，可还是拖着不做那些该做的事情。很多大公司的面试环节分为笔试和面试两部分，一些重要职位还需要再面试，等等。如果没有准备，笔试和面试都会吃亏，可能连自己能力的一半也发挥不出来。

如果打算跳槽，就需要对自己的职业方面的知识做一次补充，面试的礼仪也要重新熟悉，无论是大公司还是小公司，都不会喜欢一个看上去没有分寸的人。针对自己求职的岗位，最好准备一些技巧方面的东西。自我介绍、对行业的认知等等，都要做一次系统的总结。这样说起话来，会更有条理，千万不要以为全靠临场发挥能显示出自己的优秀，任何有能力的人，都离不开准备的过程。

考试和面试同等重要，那些看上去毫不费力的人，往往在背后经过了加倍的努力，不要迷信临场发挥。别拖着不去准备了，打有准备的仗，才更有把握。

克服你的“书写障碍”

让人烦恼不止的拖延习惯，一直在困扰我们的生活，面对那么多的拖延成因和拖延类型，很难一下就击中要害，将其制伏，如果找出拖延项，避免在大事上拖延，反而简单得多。在学习拖延方面，有一项很重要，那就是写作论文拖延。

在论文方面拖延的人非常多，不仅是学生，有些教授也会在论文上拖延。有一些观点非常流行，“人人都可以写作”“每个人都能成为作家”等等，大概就是说人人都具备写作的能力，而且有可能写好。可事实并不是人人都能写作，人人都能坚持，即使那些大作家也有写作拖延的问题。

一些在论文上拖延的学生，会对自己的导师或教授撒谎。各种幼稚的谎言都想蒙混过关，“打印机坏了，我需要延期”“正在生病，过几天交”。他们这样说的时候，丝毫也不会有愧疚感，如果得到了延期许可，他们还会暗自窃喜。可越是延期，就越是拖延，导师或教授的宽容帮不了你，因为毕业是不能延期的，如果为了一篇论文导致不能毕业，那可糟透了。还是不要再编织谎言了，那些奇思妙想不如用在写论文上。

大多数人在论文上拖延，是因为出现了写作障碍。这种感觉在很多作家身上也出现过，他们说：“我没法动笔，没法针对某个主题进行撰写。”这和论文拖延者的问题几乎没有区别。论文是一种严谨性、逻辑性很强的文体，还要运用海量的信息、缜密的思考才能完成，是一项非常有难度的工作，难怪很多人会对写论文产生心理障碍。

对写作论文出现的障碍，我们针对不同的情况，总结了一些有效的方法。

写作障碍一：对自己的选题突然失去兴趣。

我们的建议：在论文提纲中找一找，看看是不是有哪一部分能让自己提起兴趣。如果能对其中的一部分内容感兴趣，先集中精力完成它也不错。如果整个大纲中没有任何一部分能让你感觉到有趣，全都枯燥无聊，不如跟自己的论文导师申请一下，同意你用一种更为个性和具体的方式，完成你的论文。

写作障碍二：只要拿起论文，就感到心情烦躁，没法坚持。

我们的建议：把写论文分成细小的块儿，不要想论文，写论文的时候，只想着完成那些细小的任务，这样一点一点地攻克。不要因为自己写的细节不够完美而沮丧。反复告诉自己："坚持下去，就能完成。"

写作障碍三：不愿意查阅资料，只想创造完成。

我们的建议：查资料是写论文必经的过程，一篇论文中也少不了参考文献，不看资料就想完成，是不可取的。面对海量的资料，感觉到无从下手，可以先把资料收集起来，相关的全部收纳，然后分成几个部分，每天浏览一部分，把自己可能用到的都做好标记，或者记录。

写作障碍四：只能感觉到完成论文的压力，没有写作的动力。

我们的建议：你只要放松就可以了。一眼就看到目标的尽头，让人感觉到任重道远，不如先不要想那么多，列提纲的时候，只考虑列提纲的事情；写初稿的时候，只想着完成初稿；指导老师让你进行修改的时候，只管根据老师的建议修改就可以了，不要给自己太大压力。

写作障碍五：不自信，总是感觉自己写得不够好，写了删，删了写。

我们的建议：论文不是一下就能写好的，要是我们都能一下就写好，为什么学校还要给我们安排论文辅导老师呢？我们写草稿的时候能达到草稿的水平，就可以了。集中精力把自己要写的东西，用清晰的语言表达出来才是关键。如果实在不自信，可以到同学或家人那里寻求一些鼓励。自己对第一遍不满意，那是因为，它才是第一遍而已，论文都需要多次修改才能最终完成。

如果你在论文写作过程中遇到了障碍，应该积极地寻求解决办法，要知道拖着不写，论文也不会自动完成。

学习时，跟拖延君说再见

大多数有学业拖延症的人，不只在一个学习方面拖延，也不是只克服一个问题就可以了，而是在很多方面都需要改进。比如在时间管理方面、学习和生活的协调方面、学习习惯方面可能都存在一些问题，需要从小处着眼进行调整。

复杂的学业拖延必须“综合治理”。你可以使用一些小方法，使情况发生一些改变。

时间管理方面的小方法：

1. 把等待的时间，用来学习

在你出门坐车、排队等候的时候，如果能拿出一些学习卡片，就可以充分利用时间。很多手机都有存储功能，用手机存些单词或者戴着耳机听听英语录音，比用手机看视频或者小说好多了。不过手机游戏软件比手机学习软件的下载频率高多了，可见大多数人还是更倾向于娱乐而非学习。不过你可以在考试前，把游戏软件都删掉，只保留学习软件。

2. 找出自己一天中记忆力最好的时间段

这个时间段因人而异，你总会找到一个固定的时间段的，充分利用它，每天坚持在这个时间段学习，千万不要中断。

3. 为重要的事情多留一些时间

力气不能平均使，时间也是一样，花在重点科目和较难科目上的时间必然要多一些，而且还要为突发情况多留一些时间。如果在你打印论文的过程中，打印机突然卡纸，不得不花上半个小时修理它，那么你预留的时间还够吗？如果墨盒里没有油墨了呢？所以，我们不能掉以轻心，不要把事情留在截止日期的前一晚做，多给自己一些时间，可以让事情变得更稳妥。

4. 灵活地管理自己的时间

在我们做事的时候，经常被打断，如果遇到突发情况，就要改变自己原有的时间计划。因此，我们要为自己留些空余的、可自由安排的时间，这样就可以在遇到突发情况的时候，把这些自由时间用来学习。

管理学习任务的小方法：

1. 别小看了没有做过的学习任务

如果老师安排了一个实验，而你对实验步骤很陌生，千万不要因为低估了自己犯错误的概率，而让自己的时间不够用。时间越短，纠正错误的可能性就越低，多给自己留些时间，可以减轻压力，也可以多些时间纠正错误。

2. 面对新的任务，要提前做好准备

如果下周是你跟导师见面的日子，就要把自己遇到的问题提前准备好，这样到时候老师才能给你更具体的指导。

3. 把最难的事情放在精力最好的时候做

难的事情越早解决越好，趁着精力旺盛，就把它解决掉，省得让它悬在头顶压迫自己。

协调生活和学习的小方法：

1. 选择一个固定的学习环境，最好不要选家里或者宿舍

经常在一个地方学习，会让人产生一种固定的思维模式，只要到了这里，就会联想到学习，而不会想到其他事情。如果

选择家里或者宿舍，那么就会联想到休息或者消磨时光。

2. 找个一起学习的伙伴

如果你周围有人一直在学习，会营造出良好的学习气氛，这会带给你好的影响，即使你有一些懈怠，也不会轻易就放弃学习。

3. 为处理生活上的事情留出必要的时间

学习和生活要合理安排，不能急于学习，而忽略了生活，生活上安排不好，是没法安心学习的。还要给自己留些娱乐时间，适当放松可以缓解压力，如果长时间枯燥地学习，有可能引发焦虑等不良情绪。

4. 为了维护自己的学习计划，对不必要的事情说不

为了完成学习目标，不能轻易打乱计划，如果你计划好了学习，就要坚持，有人突然邀请你加入不必要的事情时，不能为了碍于情面，就勉强答应。没有原则，计划就是无效的。

学业要靠自己努力才能完成，你不努力，问题不会自己消失，该会的还是不会。现在，几乎每个人都要在学校里度过长达十多年的学习生活，而工作以后也还有可能面对学习任务，因此学业拖延者非常有必要掌握一些约束自己学习的方法。这样，即使你不了解自己的拖延成因，也可以为自己的学业做点什么。

减少生活上的拖延

拖延者往往在生活的方方面面都会拖延，就连早晨起床、刷牙、洗脸、用早餐上都会拖延。拖延简直成了生活中的蛀虫，把美好的生活一点点蚕食了。

生活上的拖延会影响健康。有些早晨赖床的拖延者，把早晨起床到出门的时间压缩得不能再压缩了，他们用秒来计算这段宝贵的时间。从来不会在家里吃早餐，如果时间宽裕，他们会在路上买一份，如果连这点儿时间也挤不出来，就饿着肚子工作一上午。

如果在个人卫生方面拖延，会严重损害个人形象。一般男士大约一个月理一次发就能保证发型比较得体。如果一个需要经常抛头露面的销售员，三个月没有理过头发，整天总是胡子拉碴、头发蓬乱的样子，不光领导会看着他不顺眼，估计客户也会躲得远远的。

如果在吃饭方面拖延，可能会导致身体虚弱。大学里的些同学，吃饭非常不规律，经常连食堂都懒得去，不得不用方便面或者其他零食充饥。长期食用这些含有食物添加剂、缺乏营养的食品，不但会让人肥胖，还会造成营养不良。

看来，一些生活小事的拖延，久而久之会带来严重的后果，我们必须从一点一滴做起，消灭生活中的拖延。我们最起码要做到在睡觉、起床、吃饭、个人卫生方面不拖延。

1. 在睡觉和起床方面不拖延

很多年轻人会有熬夜和赖床的毛病，晚上拖着不睡，早上拖着不起。造成这种情况的原因，无非是晚上有趣的事情比较多，而早上则要面对一天的学习和工作。要解决这个问题，可以尝试把一些有趣的事情安排到早上起床后。比如有些人爱浏览购物网页，不如把这件事安排在起床洗漱之后，这样就会有足够的动力起床。而当晚上想着第二天还要早起浏览网页的时候，也会催促自己早点睡觉。

2. 吃饭问题要认真对待，不可拖延

在吃饭问题上拖延的人不是懒得想吃什么的问题，就是懒得为吃饭行动起来。要解决这个问题，就要提高食物对人的吸引力。有些人是想不出到底要吃什么，这时候可以想想自己很久没吃的东西，或者在平时常吃的东西里，想出一些不同的搭配，这样一来，自然会提起吃饭的兴趣。有些人是懒得做饭，这时候可以尝试一些新的花样，提高做饭的兴趣。

3. 在个人卫生方面要养成好习惯，不可拖延

拿简单的洗手来说，有些人就经常喜欢拖延，他们总是说“待会儿再洗吧”，结果待会儿他们就忘了，直接用脏手去拿吃的。这样的人不在少数，要想改变这些人在卫生上的拖延，主要就是让他们明白讲卫生的重要性，不讲卫生不但对自己健康不利，还会遭到别人的嫌弃。

对拖延者来说，如果能在生活上克服一部分拖延，也会为克服其他方面的拖延树立起信心，先看看自己在哪些生活小事上拖延了，列个清单，贴在家里醒目的位置，提醒自己按时完成它们吧。

及时把不用的东西清理出去

很多人会有这样的经历，当屋子里出现了垃圾的时候，他们当时不想清理，便想："明天再收拾吧。"到了第二天，他们又不想收拾了，又想："等过两天攒多了一起收拾吧。"就这样，屋子里的垃圾杂物越堆越多，越多就越不想收拾，最后屋子里堆满了乱七八糟的东西。这时候再想收拾屋子，就成了一件非常困难的事。

一个简洁明朗的家更容易打扫和整理，而一个到处堆满东西的家则让人不知从哪里收拾才好。看看你的家里有这些东西吗？

饮料空瓶子、旧报纸、旧杂志、已经坏掉的电子设备、发票、收据、散乱的书、光盘、过期化妆品、购物包装袋或箱、很久没用的健身器材、已经穿坏的鞋子、不用的数据线、电源线等等。

拖延者并不会把这些东西及时清理掉，而是让这些东西在床头、案几、沙发上堆积。拖延者的家里往往凌乱不堪，原因就是这些"破烂儿"没有处理掉。再看看那些非拖延者，他们把不用的东西收纳好。备用的、准备卖废品的各有各的地方，每次卖掉废品，都可以拿回一小笔钱，可以用来买水果或蔬菜。所以他们的家里总是干净整齐，不让那些没用的东西到处碍手碍脚。

那些不喜欢整理东西的拖延者，是不是可以这样做：把没用的东西都清理出来，处理掉。比如坏了的耳麦、过期报纸、垃圾瓶、空纸箱、包装手提袋、穿坏的旧鞋子、废纸、过期化妆品等等。说不定，这次收集的所有废品在小区的废品收购站可以换回几元钱，可以用来买点自己喜欢吃的水果。

如果家里有不再需要的书籍，你又舍不得扔掉，可以向福利院或者其他慈善机构捐赠。另外，还可以在一些网站上出售二手图书等。

作为一个拖延者，不但要认识到自己的问题，还要善于找到行动的乐趣。处理废旧物品也是非常有趣的事。

余新的大学宿舍里乱极了。跟他同住的另外三个男生，都是不整理房间的“小懒鬼”。四个人在生活方面的拖延，一个比一个厉害。他们的衣服、鞋子和书籍堆得到处都是。要是想找到什么东西，犹如大海捞针。一次偶然的机会，他发现很多同学喜欢买便宜的二手教材。于是新学期一开始，饱受杂乱之苦的余新把宿舍里没用的书拿到校园书店门口摆起了地摊，还在校内网站发帖子出售他们宿舍的旧书和二手闲置物品。没出一个星期，他们宿舍那些闲置物品都被他卖出去了，狭小的宿舍一下变得宽敞多了。

余新在忍无可忍的情况下，把宿舍的闲置物品都出售了，不但清理了宿舍，还把这些闲置物品卖了出去。虽然这些收入不多，但对于要克服生活拖延的人来说，却在处理废品的时候获得了不小的乐趣。

如果你总是拖着不去处理家中的杂物，那么必须从现在起调动自己的积极性，让自己乐于为清理自己的居住环境行动起来。